Hamburger Rechtsstudien

herausgegeben von Mitgliedern der Rechtswissenschaftlichen

Fakultät der Universität Hamburg

Heft 58

Das anglo-amerikanische Grundbuchwesen

Eine rechtsvergleichende Untersuchung unter besonderer Berücksichtigung Englands, Australiens und der USA

von

DR. KAY von METZLER

Hamburg
Cram, de Gruyter & Co.
1966

Diese Arbeit hat der Rechtswissenschaftlichen Fakultät der Universität Hamburg im Jahre 1966 als Dissertation vorgelegen.

Gesamtherstellung: Graph. Betrieb Gebr. Rasch & Co., Bramsche/Osnabrück.
Printed in Germany.

VORWORT

Die Rechtswissenschaftliche Fakultät der Universität Hamburg hat diese Abhandlung im Februar 1966 als Dissertation angenommen. Besonders herzlichen Dank schulde ich Herrn Professor Dr. Konrad Zweigert. Er hat mein Interesse an rechtsvergleichender Arbeit geweckt, war mir bei der Auswahl des Dissertationsthemas behilflich und hat die Ausarbeitung der Schrift durch seine stete freundliche Anteilnahme entscheidend gefördert. Danken möchte ich ferner den Mitarbeitern mehrerer anglo-amerikanischer Universitätsbibliotheken sowie des Max-Planck-Instituts für ausländisches und internationales Privatrecht in Hamburg, ohne deren großzügige Hilfsbereitschaft mir ein erheblicher Teil der herangezogenen Literatur verschlossen geblieben wäre. Zu aufrichtigem Dank verpflichtet bin ich den Herausgebern der »Hamburger Rechtsstudien« für die Aufnahme der Schrift sowie dem Senat der Freien und Hansestadt Hamburg, der die Veröffentlichung durch Gewährung eines Druckkostenzuschusses ermöglicht hat.

Hamburg, im Oktober 1966 *Kay v. Metzler*

INHALTSVERZEICHNIS

ABKÜRZUNGSVERZEICHNIS

ABGB	Allgemeines Gesetzbuch (Österreich)
A.C.	The Law Reports, Appeal Cases (Privy Council)
Ala.	Alabama
ALR	Allgemeines Landrecht (Preußen)
A.L.T.	Australian Law Times
Am.Jur.	American Jurisprudence
Anm.	Anmerkung
Atl.	Atlantic Reporter
BGB	Bürgerliches Gesetzbuch
BGBl.	Bundesgesetzblatt
c., ch.	chapter
Cal.	California
C.J.	Chief Judge
C.J.S.	Corpus Juris Secundum
C.L.Rep.	Commonwealth Law Reports
Dak.	Dakota
EGBGB	Einführungsgesetz zum Bürgerlichen Gesetzbuch
E.Rep.	English Reports
f.	folgende
Fed.	Federal Reporter
Fed.Supp.	Federal Supplement
Fla.	Florida
GBO	Grundbuchordnung
GKG	Gerichtskostengesetz
GS	Gesetz-Sammlung für die Kgl. Preußischen Staaten (ab 1907: Preußische Gesetzsammlung)
Ill.	Illinois
J.	Judge
Ky.	Kentucky
KV	Königliche Verordnung (Preußen)
La.	Louisiana
LAG	Gesetz über den Lastenausgleich
L.J.	Law Journal
L.J.Rep.	The Law Journal Reports
LPA	Law of Property Act
L.Q.	Law Quarterly
L.Q.R.	The Law Quarterly Review
L.R.	Law Review
L.Rep.	Law Report
LRA	Land Registration Act
Mass.	Massachusetts
Mich.	Michigan
Minn.	Minnesota
Miss.	Mississippi
Mo.	Missouri
Mot.	Motive zu dem Entwurf eines BGB für das Deutsche Reich
N.E.	North-Eastern Reporter
N.J.	New Jersey
N.S.W.	New South Wales
N.W.	North-Western Reporter
N.Y.	New York

N.Y.U.L.Q.R.	New York University Law Quarterly Review
N.Z.	New Zealand
N.Z.L.Rep.	New Zealand Law Reports
Ore.	Oregon
p.	page
Pa.	Pennsylvania
Pac.	Pacific Reporter
Prot.	Protokolle der II. Kommission
Q.	Queensland
Rabels Z	Zeitschrift für ausländisches und internationales Privatrecht
RGBl.	Reichsgesetzblatt
RGZ	Entscheidungen des Reichsgerichts in Zivilsachen
R.S.O.	Revised Statutes of Ontario
S.	Seite
S.I.	Statutory Instruments (England)
S.A.	South Australia
S.E.	South-Eastern Reporter
S.O.	Statutes of Ontario
So.	Southern Reporter
S.W.	South-Western Reporter
T.	Tasmania
U.S.	United States Reports
Va.	Virginia
V.	Victoria
V.L.Rep.	Victoria Law Reports
VO	Verordnung
W.A.	Western Australia
Wash.	Washington
Wisc.	Wisconsin
ZVG	Gesetz über die Zwangsversteigerung und die Zwangsverwaltung
2d	Second Series (der Reporter-Ausgabe)

§ 1

A. EINFÜHRUNG

Nur noch selten werden in der neueren Literatur Fragen des deutschen Grundbuchrechts behandelt. Dogmatisch oder wirtschaftlich orientierte Erörterungen wichtiger Grundbuchprinzipien fehlen völlig, allenfalls finden sich Abhandlungen über Spezialfragen, die zwar den Praktiker interessieren, die jedoch die Struktur unseres Grundbuchrechts kaum beeinflussen. Es ist zweifellos ein unproblematisches, ausgereiftes Rechtsgebiet, das schon seit Jahrzehnten keine ernsthaften Streitpunkte mehr aufweist. Zwar bestanden nach Inkrafttreten des BGB und der GBO noch bedeutsame dogmatische Kontroversen. Erinnert sei an die Fragen, ob sich der öffentliche Glaube des Grundbuchs auf Katasterangaben erstreckt, ob die Bewilligung einer Vormerkung eine Verfügung über das Grundstück darstellt, ob bei nichtigem Kaufvertrag der Eigentumserwerb des Auflassungsempfängers durch ein eintragbares Erwerbsverbot verhindert werden kann[1]). Diese Probleme sind neben vielen anderen ernsthaften Meinungsverschiedenheiten heute geklärt. Die Aufwertungs- und Lastenausgleichsgesetzgebung der Nachkriegsjahre hatte zwar eine beträchtliche Erschütterung der Grundbuchverfassung und eine Schwächung der Grundbuchprinzipien zur Folge[2]). So wurden durch die ungebuchten Aufwertungshypotheken, geschaffen durch die Aufwertungsgesetzgebung in den Jahren 1924–30, und durch die ungebuchten Umstellungsgrundschulden sowie die Hypothekengewinnabgabe der Lastenausgleichsgesetzgebung nach dem 2. Weltkrieg[3]) Eintragungs-, Publizitäts- und Rangprinzip erheblich verletzt[4]).

Derartige Krisensituationen sind jedoch atypisch für unser Recht. Sie beruhen nicht auf Unzulänglichkeiten des Grundbuchsystems, sondern allein auf der katastrophalen Wirtschaftssituation der Nachkriegsjahre. Das Grundbuchbereinigungsgesetz vom 18. 7. 1930[5]) beendete die durch den 1. Weltkrieg bedingte Unsicherheit der Grundbuchlage[6]), die entsprechenden Auswirkungen des 2. Weltkriegs sind durch das Gesetz über Maßnahmen auf dem Gebiet des Grundbuchwesens vom 20. 12. 1963[7]) beseitigt worden[8]).

---

[1]) RGZ 73, 129; 121, 46; 117, 287; 120, 119.
[2]) Hedemann, 2. Hälfte S. 281; Spiegel in Betriebsberater 1964, S. 65.
[3]) Wolff-Raiser S. 654, 656.
[4]) Hedemann aaO. S. 282; Wolff-Raiser S. 657.
[5]) RGBl. I S. 305.
[6]) Senatspräsident Schetter: »Zum 1. Januar 1932 wird das hohe Rechtsgut des öffentlichen Glaubens des Grundbuchs in seiner früheren Unantastbarkeit wieder die Stütze des Vertrauens zum deutschen Immobilienrecht werden« (Zitat in Deutsche Juristen Zeitschrift 1930 Sp. 1083, 1085).
[7]) BGBl. I S. 986.
[8]) Siehe dazu Spiegel (oben Anm. 2).

In wirtschaftlichen Normalzeiten funktioniert unser Grundbuchsystem dank ausgereifter Grundbuchprinzipien zufriedenstellend, Streitigkeiten beschränken sich auf Verfeinerungen der grundsätzlich akzeptierten Prinzipien.

Ganz anders ist die Lage im anglo-amerikanischen Rechtskreis. Dort ist die strukturelle Entwicklung noch im Fluß, unterschiedlich konzipierte Register- und Grundbuchsysteme stehen nebeneinander, in vielen Ländern besteht keine Einigkeit über die Ausgestaltung der Prinzipien des künftigen Rechts, dort aktuelle Debatten erinnern bisweilen an jene Erörterungen, die bei uns mit Annahme von BGB und GBO abgeschlossen waren.

Eine vergleichende Darstellung grundbuchrechtlicher Art erscheint daher reizvoll und fruchtbar. Sie hat zwei Aufgaben: Die Länderberichte sollen die vielfältigen Einzelheiten des deutschen und anglo-amerikanischen Rechts systematisch zusammenfassen, in knapper Form dessen historische Entwicklung schildern sowie erschöpfend über die tragenden Prinzipien der heutigen Registersysteme informieren.

Ziel der anschließenden kritisch-vergleichenden Auswertung des Berichtstoffes wird die Ermittlung derjenigen nationalen Registerordnung bzw. derjenigen Kombination verschiedener nationaler Lösungen sein, die den Anforderungen des heutigen Grundstücksverkehrs am besten entspricht. Diese Untersuchung soll zwar auch darüber Aufschluß geben, inwieweit das heimische Recht noch verbesserungsfähig ist. Aber dieser herkömmliche Zweck einer rechtsvergleichenden Arbeit kann angesichts des ausgereiften deutschen Grundbuchrechts nicht im Vordergrund der Arbeit stehen. Angestrebt wird vielmehr die Ausarbeitung von Reformvorschlägen, die möglicherweise zur Förderung des anglo-amerikanischen Grundbuchwesens beitragen können.

Das breite Thema macht eine doppelte stoffliche Beschränkung notwendig. Einmal werden lediglich die tragenden Prinzipien der verschiedenen nationalen Registersysteme kritisch-vergleichend gewürdigt, wobei insbesondere das formelle Recht im wesentlichen unberücksichtigt bleiben muß. Zum anderen werden nur vier Länder – Deutschland, England, Australien und die USA – in die Untersuchung einbezogen. Im deutschen Rechtskreis kann das deutsche Grundbuchrecht, das sich strukturell kaum von den entsprechenden österreichischen und schweizerischen Registersystemen unterscheidet, als repräsentativ gelten. Interessanteste Vergleichsländer des anglo-amerikanischen Rechtskreises sind England, Australien und die USA. Innerhalb dieser Gruppe wird die u.s.-amerikanische Rechtslage im Mittelpunkt der Untersuchung stehen, denn die Eigenarten der dortigen Registersysteme erscheinen dem deutschen Juristen wegen des uns ganz unbekannten kommerziellen Titelschutzes besonders ausgeprägt. Eine den anglo-amerikanischen Länderberichten vorangestellte Übersicht wird schließlich einen informatorischen Einblick in das Grundregisterrecht des gesamten anglo-amerikanischen Rechtskreises ermöglichen.

B. LÄNDERBERICHTE

I. Deutschland

§ 2

1. Beweisregister

Wegen der engen feudalrechtlichen Bindung des Grund und Bodens an den Lehnsherrn waren Grundstücksübertragungen und -belastungen im frühen Mittelalter selten. Etwaige Verfügungen konnten mündlich in Gegenwart von Nachbarn und anderen Personen, deren Zeugnis ausreichende Sicherheit bot, vor dem Thing oder in Anwesenheit eines Richters vorgenommen werden. Typisches Beispiel ist die fränkische Investitur und Sale: eine körperliche, auf dem Grundstück selbst vorgenommene Übergabe an den neuen Vasallen, verbunden mit einer mündlichen, kausalen Einigung in Zeugengegenwart[1]).

Mit zunehmender Allodisierung entwickelten sich praktischere Verfügungsmodalitäten. Das Rechtsgeschäft wurde nicht mehr auf dem Grundstück selbst, sondern vor Gericht vorgenommen, anfangs durch mündliche Einigung und symbolische Übergabe (eines Hausschlüssels oder eines Zweiges), später unter Fortfall der symbolischen Übergabe nur durch Einigung (Auflassung) in Gegenwart des Richters[2]). Das Anwachsen der Städte und die dadurch bedingte Intensivierung des Handels beeinflußte auch die Art der Beweissicherung. Es lag im Interesse der Rechtssicherheit, den mündlichen Zeugenbeweis des Richters durch einen Urkundenbeweis zu ersetzen. Die Auflassung wurde daher auf Beweisurkunden festgehalten, die vom Stadtrat amtlich verwahrt und bald chronologisch in Bücher gebunden wurden[3]). Derartige Register gab es schon im 12. Jahrhundert in Köln (Grund- und Schreinsbücher), 1368 in Wien, 1377 in Prag und 1440 in München, auch das älteste Hamburger Stadterbebuch, das sog. Liber Actorum aus dem Jahre 1248, gehört dazu[4]). Die Tatsache, daß Eintragungen nur auf Verlangen der Parteien vorgenommen wurden, verdeutlicht die reine Beweissicherungsfunktion dieser frühen Register[5]). Materiellrechtliche Wirkungen, wie etwa konstitutive Kraft oder öffentlichen Glauben, besaßen die Eintragungen nicht.

Bald zeigten sich jedoch erste materiellrechtliche Ansätze, die später zur Herausbildung des Eintragungsgrundsatzes und des Gutglaubensschutzes füh-

---

1) Wolff-Raiser S. 81.
2) die anfänglich durch Scheinprozeß, dann im Wege der freiwilligen Gerichtsbarkeit erfolgte (Wolff-Raiser aaO.).
3) Schalk S. 123 Anm. 8; Wolff-Raiser S. 81.
4) Wolf-Raiser aaO.; Ockrent S. 8; Schalk S. 6, 124 f.
5) Schalk S. 67.

ren sollten. Da das älteste germanische Recht die Übertragung von Grundstücksrechten konstruktiv als einen Verzicht des weichenden Teils ansah, das Schwergewicht also nicht auf die Seite des Recht-Erwerbenden, sondern auch die Seite des Recht-Verlierenden legte, hatte die Bucheintragung zunächst nirgends unmittelbare Wirkung[6]). Das Vertrauen des Erwerbers auf die Richtigkeit der Eintragung erschien noch nicht schutzwürdig, da nach damaligen Vorstellungen allein das Verschweigen des Recht-Verlierenden den Rechtsübergang bewirken konnte. Diese typische deutsch-rechtliche Verschweigungsidee ermöglichte folglich schon damals einen Erwerb vom Nichtberechtigten: der Auflassungsempfänger wurde zwar nicht sofort kraft seines guten Glaubens Rechtsinhaber, er konnte jedoch das Recht nach Ablauf einer bestimmten Frist erwerben. Die erste materiellrechtliche Bedeutung der Eintragung lag darin, daß sie den Lauf der Verschweigungsfrist auslöste. Diese Regelung findet sich in vielen Stadtrechten der damaligen Zeit, so war im Hamburgischen Stadtrecht von 1270[7]) angeordnet, daß es gegen den Inhalt des Stadterbebuches nach Ablauf von Jahr und Tag kein Zeugnis gebe, da der Berechtigte sein Recht nach Ablauf dieser Frist verschwiegen habe[8]). Registriert wurden nicht nur Auflassungen, sondern auch Begründung und Übertragung von Grundrenten, Pfandrechten, Lehen und anderen Rechten[9]).

Festzuhalten ist, daß die Eintragung in dieser ersten Entwicklungsstufe Beweiszwecken diente[10]) und beim Erwerb vom Nichtberechtigten den Lauf der Verschweigungfrist auslöste.

§ 3

2. Transkriptionsregister und Pfandbuch

In der zweiten Entwicklungsstufe wuchs die materiellrechtliche Bedeutung der Eintragung. Sie wurde aus einem Beweismittel für die geschehene Rechtsänderung zu einem konstitutiven Tatbestandsmerkmal der Rechtsänderung; das Eintragungsprinzip – ohne Eintragung kein Recht – wurde geboren, und damit der wichtigste Eckpfeiler des Grundbuchsystems errichtet[11]). Dieser Übergang vollzog sich jedoch sehr langsam – nur wenige Rechte haben den Eintragungsgrundsatz schon im frühen Stadium streng durchgeführt[12]). Rück-

---

6) Hedemann aaO. S. 13, 203.

7) auch Liber Causarum oder Ordeelbuch genannt (Schalk S. 8), Statut von 1270, VII. Stück Art. 2.

8) Vgl. Hedemann aaO. S. 204; Schalk S. 124.

9) Wolff-Raiser S. 82.

10) »Der Bucheintrag zog die Kraft des Gerichtszeugnisses und der Gerichtsurkunde an sich« (Gierke, zitiert bei Hedemann aaO. S. 203).

11) Wolff-Raiser S. 82; Hedemann aaO. S. 203.

12) so im Hamburgischen Stadtrecht von 1292, Kap. 6 D, Art. 6, zitiert bei Schalk S. 125 und 9; ebenfalls durchgeführt war das Eintragungsprinzip im 1. Württembergischen Landrecht von 1555 sowie in Frankfurt/Main (vgl. Hedemann aaO. S. 7, 8).

schläge waren zu verzeichnen: die Rezeption unterbrach zunächst die Entwicklung des deutschen Grundbuchrechts, da sich unter ihrem Einfluß das römisch-rechtliche Prinzip der formlosen, anonymen Grundstücksübereignung und -beleihung durchsetzte. Gegen Ende des 17. Jahrhunderts war zwar eine Wiederbelebung des Grundbuchgedankens zu verzeichnen – denn die Anonymität gefährdete Realkredit und Sicherheit des Eigentums an Liegenschaften – die römisch-rechtliche Doktrin verhinderte jedoch vorerst die volle Durchführung des Eintragungsprinzips[13]).

Fast überall wurde damals nur die Außenwirkung von der Bucheintragung abhängig gemacht: inter partes ging das Recht bereits mit der Einigung über, Dritten dagegen konnte der Rechtsübergang erst nach Eintragung im Buch entgegengehalten werden. Das Recht entstand schon vor der Buchung, man nahm den Rechten nur, solange sie noch nicht eingetragen waren, die Wirkung gegenüber Dritten. Die Eintragung wirkte daher nicht rechts-, sondern nur vorrangbegründend[14]). Ein derart beschränktes Eintragungsprinzip lag bis zum Ende des 19. Jahrhunderts den meisten deutschen Partikularrechten zugrunde, selbst in Württemberg und Frankfurt/Main, wo im 16. Jahrhundert vorübergehend bereits das reine Eintragungsprinzip gegolten hatte, setzte es sich durch.

Dieses System, in Preußen Ingrossations- und Pfandbuchsystem, in Österreich Fertigungs- und in den vom französischen Recht beeinflußten Gebieten Transkriptionssystem genannt, existierte in mannigfachen Varianten. Zum Teil war es konsequent durchgeführt, d. h. alle Sachenrechte entstanden inter partes ohne Buchung[15]), teils galt dies nur für die Auflassung, während Hypotheken auch im Innenverhältnis erst mit Eintragung entstanden[16]), teils war Eintragung erforderlich, um über das Recht verfügen zu können[17]).

Neben der beschränkten Durchführung des Eintragungsprinzips ist weiteres Kennzeichen dieser zweiten Entwicklungsstufe die konstruktive Umdeutung der Verschweigung in eine Ersitzung. Obwohl sich im praktischen Ergebnis nichts ändert[18]), bedeutet der theoretische Unterschied, nämlich die Akzentverschiebung vom Recht-Verlierenden auf den Erwerber, eine erhebliche Annäherung an das materielle Publizitätsprinzip, an den sofortigen Gutglaubenserwerb: Während der Verschweigungsgedanke auf den Rechtsverlust des wei-

---

[13]) Vgl. Hedemann aaO. S. 7; Wolff-Raiser S. 82 und Weber S. 100.

[14]) Hedemann aaO. S. 8, 27 und 55; Güthe 6. Aufl. S. 2.

[15]) Transkriptionssystem: es galt in Preußen nach den Hypothekenordnungen von 1722 und 1750, in Mecklenburg, im linksrheinischen Hessen, in der bayerischen Pfalz, Elsaß-Lothringen, OLG-Bezirk Köln, Birkenfeld (vgl. Güthe aaO. S. 2 und Hedemann S. 22, 57).

[16]) Modifiziertes Transkriptionssystem: Baden, linksrheinisches Hessen Ende des 19. Jahrhunderts (vgl. Hedemann aaO. S. 57). So noch das heutige französische Recht (Planiol-Ripert Bd. 13 S. 865 f).

[17]) Pfandbuchsystem: Preußen: Hypothekenordnung von 1783 und ALR von 1794, Bayern, Württemberg, Weimar, Schwarzburg-Rudolstadt (vgl. Wolff-Raiser S. 82, 83 Anm. 8; Güthe aaO S. 2; Hedemann aaO. S. 57).

[18]) nach der Verschweigungslehre wird der gutgläubige A nach Fristablauf Rechtsinhaber, weil X das Recht verliert, nach der Ersitzungslehre verliert X nach Fristablauf das Recht, weil der gutgläubige A es erwirbt.

chenden Teils abstellt, verlagern Ersitzung und Publizitätsprinzip die Tatbestandsvoraussetzungen auf die Seite des Erwerbers[19]).

Festzuhalten ist, daß in dieser zweiten Entwicklungsstufe des Grundbuchrechts die Eintragung nicht nur Beweisfunktion hat, sondern dank des auf das Außenverhältnis beschränkten Eintragungsprinzips auch eine vorrangbegründende Funktion aufweist. Hinzu kommt eine Annäherung an das Publizitätsprinzip durch konstruktive Umdeutung der Verschweigung in eine Ersitzung.

§ 4

3. Grundbuch

Erst mit der dritten Stufe ist das Grundbuchsystem im eigentlichen Sinne erreicht, das sich durch strenge Durchführung des Eintragungs- und Publizitätsprinzips auszeichnet.

Es setzte sich im Laufe des 19. Jahrhunderts in Deutschland durch, weil es sich nach Abschluß der Bodenbefreiung als dringend notwendig erwies, eine einheitliche, feste, formale Organisation für den Verkehr mit Grundstückswerten zu schaffen. Durch Einführung eines Grundbuchapparats sollte die Rechtszersplitterung beendet, der Immobiliarverkehr gesteigert und der Realkredit gefördert werden[20]). Transkriptions- und Pfandbuchsystem wurden überwunden. Der gesamte Rechtserwerb, nicht nur die Außenwirkung, wird von der Buchung abhängig gemacht: auch für den Rechtsübergang inter partes ist nun Eintragung notwendig[21]). Das Eigentum wird nicht mehr nur zur Ermöglichung von Belastungen, sondern um seiner selbst willen ins Grundbuch eingetragen[22]).

Der Eintragungsgrundsatz wurde in zwei Varianten durchgeführt. Nach der Mehrzahl der deutschen Rechtsordnungen und nach dem BGB ist die Eintragung nur ein Erfordernis der Rechtsbegründung, hinzu kommen muß ein gültiger dinglicher Vertrag[23]) (sog. materielles Konsensprinzip[24]). Einige Partikularrechte sind weiter gegangen und haben nur die Eintragung für maßgeblich erklärt: hier werden Grundstücksrechte unabhängig von der Gültigkeit des Kausalgeschäfts allein durch den abstrakten Einschreibungsakt erworben. Dem so trotz nichtiger Auflassung aus seinem Recht verdrängten Eigentümer wird lediglich ein schuldrechtlicher, nicht gegenüber Dritten wirkender Be-

---

[19]) Hedemann aaO. S. 13, 205.
[20]) Hedemann aaO. S. 30, 31; Mot. Bd. III S. 10.
[21]) Hedemann aaO. S. 56; Schalk S. 130.
[22]) Nussbaum S. 7; Wolff-Raiser S. 84. In Preußen galt das Pfandbuchsystem bis 1872, im Eigentumserwerbsgesetz vom 2. 2. 1872 ist das Eintragungsprinzip streng durchgeführt (Güthe aaO. S. 2). Ähnlich verlief die Entwicklung in Bayern (vgl. Hedemann aaO. S. 52, 53).
[23]) Vgl. § 873 BGB und RGZ 28, 309.
[24]) von Triebel (Güthe aaO. S. 3) irreführend als »Eintragungsprinzip« bezeichnet.

richtigungsanspruch gewährt. Dieses sog. formale Rechtskraftprinzip galt in Sachsen, Lübeck und Hamburg[25]).

Das zweite unentbehrliche Element des Grundbuchsystems ist der Gutglaubensschutz im Sinne des materiellen Publizitätsprinzips – von Hedemann[26]) als Krönung des modernen Grundbuchrechts bezeichnet. Die oben dargestellte Entwicklung des Erwerbs vom Nichtberechtigten hat die kontinuierliche Annäherung an das Publizitätsprinzip gezeigt – von der Verschweigung, die das Schwergewicht auf die Seite des Recht-Verlierenden legt, zur Ersitzung, die die Tatbestandsvoraussetzungen auf die Seite des Erwerbers verlagert. Bis zum Publizitätsprinzip war es nun nur noch ein Schritt, es galt, das Verschweigung und Ersitzung gemeinsame objektive Erfordernis des Fristablaufs fallen zu lassen und den Rechtserwerb allein vom subjektiven guten Glauben des Erwerbers abhängig zu machen. Dem mittelalterlichen Denken war diese Vorstellung – »wer auf das Buch vertraut, kann, bloß um dieses Vertrauens willen, den wahren Berechtigten aus seinem Recht verdrängen« – fremd. Im 18. und 19. Jahrhundert erfolgte dann über die Ersitzung der Durchbruch des materiellen Publizitätsprinzips[27]): ohne Fristablauf erwirbt jetzt ein Dritter, allein auf Grund seines Vertrauens auf die Richtigkeit der Eintragung, vom eingetragenen Nichtberechtigten[28]). Das Naturrecht und das römische Recht gaben die dogmatischen Grundlagen[29]). Im übrigen hat das Verkehrsinteresse entscheidend dazu beigetragen, die umständliche und mit vielen Unsicherheiten behaftete Ersitzung zugunsten eines sofortigen, gutgläubigen Erwerbs aufzugeben. Folgerichtig kommt die Ersitzung heute nur noch zum Zuge, wenn das Publizitätsprinzip wegen Bösgläubigkeit des Erwerbers versagt[30]).

Strenger Eintragungsgrundsatz und materielles Publizitätsprinzip sind die charakteristischen Merkmale des eigentlichen Grundbuchsystems[31]), wie es seit dem 5. 5. 1872 in Preußen und vielen deutschen Kleinstaaten[32]) und seit dem

---

[25]) Güthe aaO. S. 3; Wolff-Raiser S. 84. Besonders interessant ist die hamburgische Rechtsentwicklung. Dort galt der Eintragungsgrundsatz in Form des materiellen Konsensprinzips schon seit 1497, die Rechtspraxis maß jedoch der Auflassung immer weniger Bedeutung bei, was notwendigerweise die rechtliche Bedeutung der Eintragung verstärkte (vgl. Schalk S. 128). Schließlich wurde durch § 1 des Gesetzes über Grundeigentum und Hypotheken vom 4. 12. 1868 (Hamb.Ges.Bl. 1868 S. 88–107) das formale Rechtskraftprinzip eingeführt und damit das Grundbuchrecht der tatsächlichen Rechtsentwicklung angepaßt.

[26]) aaO. S. 203.

[27]) Das österreichische ABGB von 1811 kannte nur die Ersitzung. Im österreichischen allgemeinen Grundbuchgesetz von 1871 ist dagegen schon das Publizitätsprinzip eingeführt (Hedemann aaO. S. 13).

[28]) Siehe § 892 BGB.

[29]) »Das Naturrecht hat nicht nur in der Vollmachts- und Irrtumslehre den Vertrauensschutz zur Geltung gebracht, sondern auch im Sachenrecht den Publizitätsgedanken mit aller Entschiedenheit betont« (Wellspacher, zitiert bei Hedemann aaO. S. 205). Ebenso gewichtig war der fides-Gedanke des römischen Rechts, das beim Eigentumserwerb mehrfach (actio Publiciana, usucapio) auf das rein subjektive Element der bona-fides abgestellt hat (Hedemann aaO.).

[30]) § 900 BGB.

[31]) Triebel S. 10.

[32]) Wolff-Raiser S. 83 Anm. 9.

1. 1. 1900 einheitlich im gesamten Deutschen Reich gilt[33]). Das Grundbuch gibt über fast alle privaten dinglichen Rechte an einem Grundstück Auskunft – der strenge Eintragungsgrundsatz ist nahezu lückenlos durchgeführt[34])[35]). Gemäß § 892 BGB schützt das materielle Publizitätsprinzip entgeltliche und unentgeltliche Erwerber, Bösgläubigkeit ist nur bei positiver Kenntnis der Unrichtigkeit des Grundbuchs gegeben.

Ergänzt werden Eintragungs- und Publizitätsprinzip durch den Legalitätsgrundsatz und das Entschädigungsprinzip. Der Legalitätsgrundsatz verpflichtet den Grundbuchbeamten, die gesetzlichen Voraussetzungen der Eintragungsanträge zu prüfen[36]). Er braucht dagegen nicht mehr, wie früher, in jedem Fall die Wirksamkeit der materiellrechtlichen Einigung zu überprüfen, das ist durch Einführung des materiellen Konsensprinzips unnötig geworden[37]).

Gemäß § 839 BGB, Art. 34 GG (früher § 12 GBO) haftet der Staat bei schuldhafter Amtspflichtverletzung eines Grundbuchbeamten dem Geschädigten auf Schadensersatz. Hat der Beamte fahrlässig gehandelt, so ist die Haftung nur gegeben, wenn der Geschädigte auf andere Weise keinen Ersatz erlangen kann (§ 839 Abs. I Satz 2 BGB: Subsidiaritätsklausel).

Zehn weitere Ergänzungen des materiellen Eintragungs- und Publizitätsgrundsatzes runden das dogmatische Strukturbild des deutschen Grundbuchrechts ab. Im einzelnen handelt es sich um folgende Prinzipien und Rechtsinstitute: Das Spezialitätsprinzip (Person, Inhalt und Umfang des Rechts müssen in bestimmter Weise festgelegt und im Grundbuch eingetragen sein)[38]); die als widerlegbare Vermutung ausgestaltete Beweiskraft des Grundbuchs[39]); das Prioritätsprinzip (der Rang des Rechts richtet sich nach der Reihenfolge der Eintragungen)[40]); die Rechtsinstitute Vormerkung und Widerspruch[41]); die Bestimmungen über Verjährung, Ersitzung und Versitzung von Grundstücksrechten[42]); das formelle Publizitätsprinzip (das Grundbuch ist öffentlich, wer

---

[33]) Art. 1 EGBGB. Das materielle Grundbuchrecht ist, nach Prinzipien geordnet, im BGB zusammengefaßt, das formelle Grundbuchrecht findet sich in der GBO.

[34]) ausgenommen sind lediglich Überbau- und Notwegrechte, die auch ohne Eintragung gegen jedermann gelten (§§ 912–917 BGB), siehe auch § 1118 BGB. Öffentliche Lasten sind gem. § 54 GBO nicht eintragungsfähig, sofern ihre Eintragung nicht besonders angeordnet oder zugelassen ist. Sie gehen gebuchten Privatrechten regelmäßig im Range vor (§ 10 Abs. I Ziff. 3 ZVG).

[35]) Die Zahl der Sachenrechte ist im deutschen Recht begrenzt (numerus clausus: Eigentum und 9 beschränkt-dingliche Rechte; vgl. Wolff-Raiser S. 9).

[36]) zu überprüfen sind Erklärungen nach §§ 13, 19, 26, 27 GBO.

[37]) Nussbaum S. 23; wichtige Ausnahme § 20 GBO: die materiellrechtliche Wirksamkeit einer Auflassung ist vom Grundbuchrichter zu prüfen.

[38]) §§ 1095, 1106, 1015, 1190, 1199/2 BGB; §§ 3, 6, 28, 48 GBO. Damit sind die römisch-rechtlichen Generalhypotheken überwunden (Hedemann aaO. S. 4).

[39]) § 891 BGB, eine prozessuale Beweislastregelung.

[40]) § 879 BGB, §§ 17, 45 GBO; wichtiger Grundsatz: wer ein Grundstücksrecht erwirbt, kann durch spätere Eintragungen nicht aus seiner Rechtsstellung verdrängt werden (vgl. Nussbaum S. 25).

[41]) §§ 883, 899 BGB.

[42]) §§ 902, 900, 927, 901 BGB.

ein berechtigtes Interesse darlegt, kann Einsicht erlangen)[43]; das formelle Konsensprinzip (Eintragungen erfolgen nur auf Antrag, von Amts wegen wird der Grundbuchführer selten tätig)[44]; und das formelle Eintragungsprinzip (Rechtsänderungen, die sich ausnahmsweise außerhalb des Grundbuchs vollzogen haben (z. B. durch Erbgang), müssen nachträglich registriert werden)[45].

Für die Anlegung und Führung der Grundbücher sind die Amtsgerichte als Grundbuchämter zuständig[46]. Die Anlegung, die nach 1900 in großen Teilen Deutschlands noch zu leisten war, ist heute fast überall beendet, sie hat sich im wesentlichen bis 1939 erstreckt[47]. Die Grundzüge dieses Verfahrens seien im folgenden kurz dargestellt:

Die Buchung wird von Amts wegen[48] in einem summarischen Verfahren der Freiwilligen Gerichtsbarkeit durchgeführt[49]. Der Grundeigentümer braucht sein Eigentumsrecht lediglich glaubhaft zu machen. Beanspruchen mehrere das Eigentum für sich, so kann das Grundbuchamt denjenigen registrieren, dessen behauptetes Eigentum am wahrscheinlichsten erscheint[50]; bestrittene Rechte werden unter dem durch Widerspruch gesicherten Vorbehalt eines Feststellungsurteils der streitigen Gerichtsbarkeit eingetragen. Beschränktdingliche Rechte, die binnen einer Ausschlußfrist nicht angemeldet werden, bleiben zwar bestehen, können aber gegenüber gutgläubigen Dritten nach § 892 BGB erlöschen[51].

Die Eintragungen sind durchweg nach räumlichen Gesichtspunkten geordnet: jedes Grundstück erhält ein besonderes Grundbuchblatt (Realfoliumsprinzip)[52]. Demgegenüber waren für die Pfandbucheintragungen teils der Eigentümer (Personalfolium), teils die Reihenfolge der Eingänge (chronologisches Ordnungssystem) maßgeblich; Beweis- und Transkriptionsregister wurden ausschließlich chronologisch geführt[53]. Die Individualisierung der gebuchten Grundstücke nach Lage, Größe und Grenzen (§ 2 Abs. II GBO) erfolgt durch geometrische Vermessung. Die Grundbuchämter führen die Vermessungsarbeiten nicht selbst durch, sie können insoweit vielmehr auf Be-

---

[43]) § 12 GBO.

[44]) §§ 13, 53, 82 a, 84 f., 90 f. GBO.

[45]) §§ 39, 40 GBO.

[46]) § 1 GBO, die Wahrnehmung dieser Aufgaben ist grundsätzlich Sache des Richters, der vom Rechtspfleger und vom Urkundsbeamten der Geschäftsstelle unterstützt wird (vgl. Wolff-Raiser S. 86 Anm. 2).

[47]) Staudinger-Gramm Art. 186 Anm. 6.

[48]) § 3 Abs. I GBO; ausgenommen vom Grundbuchzwang sind lediglich Staats- und Kirchengrundstücke (vgl. Henke-Mönch-Horber § 3 Anm. 2 B).

[49]) Während früher die Regelung des Verfahrens dem Landesrecht überlassen war (Art. 186 EGBGB; typisch ist insoweit die Preußische KV vom 13.11.1899 [GS 519]), ist es heute bundeseinheitlich gestaltet (VO des Reichsjustizministers zur Ausführung der GBO vom 8. 8. 1935 [RGBl. I S. 1098]).

[50]) Vgl. Art.12, 20 KV; § 14 VO vom 8. 8. 1935.

[51]) Vgl. Art. 7, 10, 23, 29 der KV und §§ 10 Abs. 4, 15 der VO vom 8. 8. 1935.

[52]) Vgl. § 3 GBO. Die nach § 4 GBO zugelassenen Personalfolien findet man nur in Gegenden mit stark zersplittertem Grundbesitz (Hessen, Rheinpfalz, Württemberg; vgl. Nussbaum S. 10; Wolff-Raiser S. 91 Anm. 6).

[53]) Wolff-Raiser S. 82; Hedemann aaO. S. 1.

standsangaben im Steuerkataster zurückgreifen[54]). Hierbei handelt es sich um Bücher, die zum Zwecke der Veranlagung zur Grund- und Gebäudesteuer geführt werden und in denen die einzelnen Grundstücke nach Flächeninhalt und Reinertrag auf Grund geometrischer Vermessung und Abschätzung verzeichnet sind. Derartige Steuerkataster wurden 1822 in der Rheinisch-Westfälischen Provinz[55]) und 1861 allgemein in Preußen eingeführt[56]), im Jahre 1900 waren sie fast überall angelegt[57]). Die Vermessungskosten trug der Staat in voller Höhe[58]), im übrigen werden die Kosten des Grundbuchanlegungsverfahrens weitgehend von der Staatskasse übernommen[59]).

Ausschließliche Zuständigkeit der freiwilligen Gerichtsbarkeit, absoluter Grundbuchzwang, Realfolium, weitgehend vorhandene Vermessungsunterlagen und staatliche Finanzierung sind demnach die wesentlichen Merkmale des deutschen Anlegungsverfahrens[60]).

Der vorstehende Bericht hat gezeigt, daß die dogmatische Entwicklung des deutschen Grundbuchrechts in drei Stufen verlaufen ist. In der ersten Stufe hatte die Bucheintragung lediglich Beweis- und Verschweigungsfunktion; in der zweiten Stufe tritt zur Beweisfunktion eine vorrangbegründende Kraft, auch erfolgt hier die konstruktive Umdeutung der Verschweigung in eine Ersitzung; in der dritten Stufe wird Beweis- und Vorrangbegründungsfunktion durch die konstitutive Kraft der Eintragung ergänzt, ferner tritt hier an die Stelle der Ersitzung als Erwerbsmodalität der Gutglaubensschutz im Sinne des materiellen Publizitätsprinzips.

Legalitätsgrundsatz und Entschädigungsprinzip treten als wichtigste Prinzipien ergänzend hinzu.

Um terminologische Unklarheiten zu vermeiden, werde ich in den folgenden Ausführungen nur Registersysteme der dritten Stufe als »Grundbuchsysteme« bezeichnen und den Terminus »Grundbuch« nur für Register dieser dritten Stufe verwenden. Register der zweiten Entwicklungsstufe nenne ich »Transkriptionsregister« und solche der ersten Stufe »Beweisregister«.

---

54) Güthe 4. Aufl. § 2 Anm. 6, 18, 23; Mot. Bd. 3 S. 20; Henke-Mönch-Horber S. 92 Anm. 36; für Preußen bestimmte z. B. eine KV vom 13. 11. 1899: »Als amtliches Verzeichnis im Sinne § 2 Abs. 2 GBO dienen die Grund- und Gebäudesteuerbücher (Kataster)« (Güthe 4. Aufl. § 2 Anm. 23).

55) Allgemeine Instruktion des Finanzministers vom 12. 2. 1822.

56) Gesetze vom 21. 5. 1861 (GS 253 und 317).

57) Mot. Bd. 3 S. 20.

58) Siehe die preußischen Gesetze GS 1861 S. 317 (§ 13), GS 1861 S. 253 (§ 6), GS 1867 S. 26 (§ 2) und § 59 Abs. I des preuß. GKG vom 28. 10. 1922 (GS S. 363), angeführt bei Güthe 4. Aufl. Anm. 10 zu Art. 30 Preuß. Ausführungsgesetz zur GBO.

59) Siehe Gebührentabellen in § 69 Preuß.GKG vom 25. 6. 1895 (GS S. 203) (erste Grundbuchanlegung) und §§ 60, 32 Preuß.GKG vom 28. 10. 1922 (GS S. 363) (spätere Anlegung von Grundbuchblättern). Danach betrug der Gebührenanteil des Eigentümers bei der ersten Anlegung je nach Grundstückswert 0,50 bis 12,– Mark, bei späterer Anlegung 2,– bis höchstens 32,– Mark.

60) Eine ausführliche Darstellung des Anlegungs- und Vermessungsverfahrens findet sich bei Güthe (4. Aufl. 1. Band) und Thieme. Speziell zur Vermessung siehe die Preuß.Gesetze GS 1861 S. 253 und 317, 1876 S. 26.

II. Übersicht über die Registersysteme des anglo-amerikanischen Rechtskreises

§ 5

1. Private Conveyancing

Noch bis zum 1. 1. 1926 wurden in einem Teil des anglo-amerikanischen Rechtskreises – in England und Wales – Grundstücksrechtsgeschäfte fast ausschließlich unregistriert vorgenommen (sog. Private Conveyancing)[1]; wenig benutzte Register gab es lediglich in den Grafschaften Middlesex, Yorkshire und London[2].

2. Registersysteme

Seit dem 1. 1. 1926[3]) bestehen im gesamten anglo-amerikanischen Rechtskreis Grundstücksregister. Ihrer dogmatischen Struktur nach werden sie zwei Systemen zugeordnet: Deeds Registration (auch Deeds Recordation genannt) und Title Registration.

a) Deeds Registration

Ein Deed ist die feierlich gesiegelte Urkunde, mit der Verfügungen über Grundstücksrechte getroffen werden: die Verfügung, genannt conveyance, ist abstrakt wie die deutsche Auflassung[4]. Die Deedsregister sind Sammlungen von Abschriften oder Auszügen dieser Urkunden, wobei nur die Beurkundung konstitutive Kraft besitzt. Die Registereintragung hat lediglich Sicherungsfunktion, indem sie den Vorrang der registrierten Verfügung vor späteren Verfügungen des Veräußerers über das gleiche Recht begründet[5]. Die Deeds Registration gehört mithin zur Familie der Transkriptionsregister. Es ist das verbreitetste Buchsystem und kann in zwei Gruppen unterteilt werden:

1. In England und Wales wurde 1925 durch den Land Charges Act[3]) das Land Charges Register geschaffen, in das lediglich die wichtigsten Belastungen, nicht dagegen Übereignungen, eintragbar sind.

2. In den übrigen Deedsregistern werden Übereignungen und Belastungen registriert. Es gibt sie in fast allen Ländern des anglo-amerikanischen Rechtskreises. England besitzt ein lokales Register in der Grafschaft Yorkshire[2]. Deedsregister bestehen weiterhin in Irland[6]), in allen australischen Bundes-

---

[1]) Hogg S. 51.

[2]) Statute 7 Anne c. 20 und Middlesex Registry Act 1891; Yorkshire Registration Act 1884–85 (47 & 48 Vict. c. 54); Land Transfer Act 1875 (38 & 39 Vict. c. 87); Land Transfer Act 1897 (60 & 61 Vict. c. 65).

[3]) Inkrafttreten des Land Charges Act 1925 (15 & 16 Geo. 5 c. 22) und Land Registration Act 1925 (15 Geo. 5 c. 21).

[4]) James S. 396/397; Siefert S. 70.

[5]) Hogg S. 51; Stewart-Wallace S. 4.

[6]) General Registry of Deeds and Assurances Act 1708 (6 Anne c. 2).

staaten[7]), in Neuseeland[8]), in den kanadischen Provinzen Québec[9]), Ontario, Manitoba und British Columbia[10]), in fast allen ehemaligen und heutigen englischen Kolonien Asiens, Afrikas, Mittel- und Südamerikas sowie des stillen Ozeans[11]), und schließlich in allen Bundesstaaten der USA einschließlich Washington, D.C.[12]).

Eine Sonderstellung nehmen die Deedsregister Schottlands und Südafrikas ein, die dank einer jahrhundertelangen Fortentwicklung der »Title Registration« ähneln[13]).

§ 6

b) Title Registration

Der »Title« eines Grundstücksbesitzers ist seine rechtliche Legitimation zur Grundstücksnutzung in einem bestimmten Sinne, etwa als Eigentümer, Hypothekar, Nießbraucher oder Mieter[14]). Während Begründung und Übertragung dieses Titels unter dem Transkriptionssystems außerhalb des Registers durch Ausfertigung und Übergabe einer Deed-Urkunde erfolgt – die Registrierung hat dort nur eine vorrangbegründende Sicherungsfunktion – besitzt die Titeleintragung in dem hier besprochenen Buch konstitutive Kraft (strenges Eintragungsprinzip). Die anglo-amerikanische Title Registration hat somit Grundbuchcharakter, denn sie verwirklicht darüber hinaus das materielle Publizitätsprinzip, den Legalitätsgrundsatz, das Entschädigungs- und das Realfoliumsprinzip. Klar herausgearbeitet hat Chief Justice Start[15]) den Unterschied zwischen konstitutiven Titelregistern (Grundbüchern) und deklaratorischen Deedsregistern (Transkriptionsregistern): »The basic principle of this system is the registration of the title to land instead of registering, as the old system requires, the evidence of such title. In the one case, only the ultimate fact or conclusion that a certain named party has title to a particular tract of land is registered . . . In the other case, the entire evidence from which the proposed purchasers must, at their peril, draw such conclusion, is registered«.

Title Registration ist der Sammelname aller anglo-amerikanischen Grundbuchsysteme[16]). Das erste Grundbuchgesetz wurde am 27. 1. 1858 in der britischen Kolonie Süd-Australien erlassen[17]). Nach seinem Verfasser, Sir Robert Torrens, benannt, diente es als Vorbild für viele Grundbuchgesetze

---

[7]) Leyser S. 546; vgl. No. 22 Registration of Deeds Act (New South Wales) 1897 (60 & 61 Vict. c. 61).

[8]) Ruoff, Vortrag S. 6.

[9]) dem französischen Transkriptionsregister nachgebildet. Vgl. oben § 3 Anm. 16.

[10]) Hogg S. 51; vgl. The Registry Act (Ontario) R.S.O. 1950 c. 336.

[11]) Ruoff S. 4–6; vgl. Indian Registration Act 1908.

[12]) Powell § 912 S. 273; Zusammenstellung der Gesetzesquellen in Patton, Land Titles, § 7 S. 30, 31. Louisiana folgt französischem Vorbild (La. Civil Code [West 1955] Art. 2251, 2252, 2254, 2255, 2259).

[13]) Dowson-Sheppard S. 16, 147 f.; Ruoff S. 5, 7; Hogg S. 53.

[14]) Guier/Bridges (Ky. 1902), 70 S. W. 288.

[15]) State/Westfall (Minn. 1902) 89 N. W. 175.

[16]) Hogg S. 51.

[17]) The Real Property Act (South Australia) 1857 (21 Vict. no. 15).

in anderen Teilen des britischen Commonwealth und der USA[18]). Die Torrensgesetze werden in zwei Hauptgruppen unterteilt: einerseits das australisch-neuseeländisch-kanadische Torrenssystem, andererseits das u.s.-amerikanische Torrenssystem, dessen Entwicklung wegen Besonderheiten der amerikanischen Verfassung unterschiedlich verlaufen ist[19]).

Das ausstralisch-neuseeländisch-kanadische Torrenssystem gilt außer in seinem Ursprungsland Süd-Australien in allen anderen australischen Bundesstaaten[20]), in Neuseeland[21]), in australisch Neu-Guinea (Papua-Territorium), auf den Fidji-Inseln, in Sarawak, Brunei, Malaya, Singapur, Ceylon, Kenya, Uganda, Sudan, Trinidad-Tobago, Jamaica, British-Honduras und auf den Neuen Hebriden[22]). Es gilt weiterhin in den kanadischen Provinzen Manitoba, Saskatchewan, Alberta, British-Columbia, sowie in dem kanadischen Nord-West-Territorium[23]).

U.S.-amerikanische Torrensgesetze gibt es in folgenden zwölf Bundesstaaten: Hawaii, Colorado, Georgia, Illinois, Massachusetts, Minnesota, New York, North Carolina, Ohio, Oregon, Virginia und Washington[24]). Von u.s.-amerikanischer Doktrin beeinflußt sind schließlich die Torrensgesetze der amerikanischen Besitzungen Guam und Puerto Rico sowie der ehemals amerikanischen Philippinen[25]).

Im wesentlichen unbeeinflußt vom Torrenssystem verlief die englische Grundbuchentwicklung. Das erste Grundbuchgesetz, nach seinem Verfasser Lord Westbury's Act genannt, stammt aus dem Jahre 1862[26]). In seiner heutigen Ausgestaltung[27]) nimmt das englische Grundbuchrecht eine Mittlerstellung zwischen dem Torrenssystem und dem deutschen Recht ein. Etwa 1/4 aller Grundstücksverfügungen in England unterliegen heute dem Grundbuchzwang[28]), im übrigen bestehen nur Deedsregister (Land Charges Register, Yorkshire Deeds Registration). Irland[29]), die kanadischen Provinzen Ontario und Neuschottland[30]), die Leewards-Inseln[31]), Nigeria und Tanganjika[32]) folgen in der Ausgestaltung ihres Grundbuchrechts dem englischen Vorbild.

---

18) Magwood S. 95; Cushman S. 590.
19) Patton, Registration, S. 524.
20) Vgl. The Real Property Act (Queensland) 1861 (25 Vict. no. 14); Real Property Act (New South Wales) 1900 (No. 25 of 1900).
21) Land Registry Act (N. Z.) 1860 (24 Vict. c. 27); Land Transfer Act 1952 (N. Z.).
22) Powell § 920 S. 302 Anm. 7; Dowson-Sheppard S. 98; vgl. Real Property Ordinance (Fidjii) 1876 (1906 No. 7); Registration of Title Enactment (Federated Malay States) 1911 No. 13; Registration of Title Law (Jamaica) 1888, amended 1889 (No. 20).
23) Dowson-Sheppard S. 98.
24) Genaue Quellenangaben siehe Powell § 921 S. 306, 307 Anm. 43–54.
25) Thompson, Kapitel 55, § 4405.
26) Land Registry Act (England) 1862 (25 & 26 Vict. c. 53).
27) Land Registration Act 1925 (15 Geo. 5 c. 21).
28) Siehe unten § 11 Anm. 87.
29) Local Registration of Title Act (Ireland) 1891.
30) The Land Titles Act (Ontario) R.S.O. 1950 c. 197; The Land Titles Act (Nova Scotia) 1903–04 c. 47.
31) Title by Registration Act (Leewards Islands) 1886 (No. 1, 1914 Rev.).
32) Dowson-Sheppard S. 98.

Die anglo-amerikanischen Grundbuchgesetze gelten durchweg fakultativ neben Deedsregistergesetzen, der Grundeigentümer kann das ihm genehme System wählen[33]). Ausschließliche Geltung haben die Grundbuchgesetze lediglich im Papua-Territorium, in Malaya, in Uganda, im Sudan, in den kanadischen Provinzen Saskatchewan, Alberta und im kanadischen Nord-West-Territorium[34])[35]).

Erwähnt seien schließlich einige unvollkommene Grundbuchgesetze, die in manchen Ländern des anglo-amerikanischen Rechtskreises die Übergangsperiode vom Deedsregister zum Grundbuch überbrücken sollen und in anderen Staaten aus Kostenersparnisgründen entweder ausschließlich oder neben regulären Grundbuchgesetzen gelten. Sie sehen vor, daß der Grundeigentümer in einem besonders ausgestalteten Verwaltungs-[36]) oder Gerichtsverfahren[37]) die Feststellung seines Eigentums betreiben kann. Es ergeht ein allseitig bindender Beschluß, der in ein Buch oder Zertifikat, das der Eigentümer erhält, eingetragen wird. Im Unterschied zum regulären Grundbuchsystem bezieht sich die bindende Wirkung der Eintragung aber nur auf den vor der Beschlußverkündung liegenden Zeitraum. Alle weiteren Rechtsgeschäfte unterliegen den allgemeinen (meist Deedsregister-)Gesetzen, sie werden außerhalb des Buchs bzw. Zertifikats abgewickelt, so daß die Eintragungen bald unrichtig werden. Um eine gewisse Sicherheit zu gewähren, müssen derartige Feststellungsverfahren daher in periodischen Abständen wiederholt werden. Ausschließliche Geltung hat dieses Verfahren in der kanadischen Provinz New Brunswick und der britischen Kronkolonie Falkland Inseln[38]). Als sogenannte »Certification of Title Acts« gelten entsprechende Gesetze ergänzend neben Torrens- und Deedsregistergesetzen im amerikanischen Bundesstaat Massachusetts und in der kanadischen Provinz Ontario[39]).

---

[33]) Beweisregister gibt es seit 1798 nicht mehr, das letzte (New Yorker) Beweisregister von 1710 wurde 1798 in ein Transkriptionsregister umgewandelt (Philbrick S. 146).

[34]) Hogg. S. 52.

[35]) Die Deeds Registration beherrschte im Jahre 1919, grob geschätzt, $^2/_3$, die Title Registration $^1/_3$ des anglo-amerikanischen Grundstücksverkehrs (Hogg aaO.)

[36]) Ontario.

[37]) Massachusetts, New Brunswick, Falkland Inseln.

[38]) Land Titles Act (New Brunswick) 1914 (4 Geo. 5 c. 22); Titles to Land Ordinance (Falkland Islands) 1904 (No. 6).

[39]) Massachusetts General Laws (1932) c. 185/9/56 a; The Certification of Titles Act (Ontario) 1958 (S. O. 1958 c. 9).

III. England

§ 7

1. Frühe Geschichte

Aus vornormannischer Zeit, als Grund und Boden noch allodial war, ist ein verhältnismäßig fortschrittliches, grundbuchähnliches Registersystem überliefert. Es ist das Shire-Boc, das auf der akkuraten Landvermessung der römischen Besatzungstruppen aufbauen konnte. Eintragungsfähig waren Verfügungen über bocland (Grundstücke, an denen Sondereigentum der Dorfgenossen bestand)[1]). Nach Ablauf einer Einspruchsfrist wurde die eingetragene Verfügung unanfechtbar, entgegenstehende Rechte galten als verschwiegen[2]).

Sächsisches Liegenschaftsrecht und Shire-Boc wurden jedoch durch die normannische Eroberung im Jahre 1066 verdrängt. Die formell noch feudale Struktur des heutigen anglo-amerikanischen Immobiliarrechts[3]) ist auf den damaligen Feudalisierungsprozeß zurückzuführen, der das herkömmliche Allodialrecht gänzlich umgestaltete. Der Eigentumsbegriff wurde relativiert; dominium im römisch-rechtlichen Sinne steht fortan nur der Krone zu, die den Bürgern mehr oder weniger umfassende Nutzungsrechte verleiht. Diese – ursprünglich an wirtschaftliche oder militärische Gegenleistungen geknüpften – Lehen heißen »estates« und »interests«. Den kontinental-europäischen Juristen, dem die Einteilung der Sachenrechte in dominium und iura in re aliena geläufig ist, mag es befremden, daß mehrere dieser estates und interests zur gleichen Zeit nebeneinander an einem Grundstück bestehen können. »Eigentum« ist nach anglo-amerikanischer Auffassung kein unteilbares Recht, sondern kann nach Belieben in mehrere zeitlich begrenzte Rechte aufgespalten werden[4]). Das umfassendste Nutzungsrecht, das »fee simple in possession«, das de facto unserem Eigentum entspricht, ist nur »primus inter pares« und unterscheidet sich begrifflich nicht von einem unserer Miete entsprechenden »estate for years« (auch term of years oder leasehold genannt), einem »estate in fee tail« (beschränkt vererbliches Stammgut), einem »estate for life« (lebenslängliches, umfassendes Nutzungsrecht) oder einer »mortgage« (hypothekarische Estateübertragung)[5]).

Als wichtigstes Ergebnis der normannischen Feudalisierung ist festzuhalten, daß diese estates bis heute als selbständige Eigentumsteilrechte gleichzeitig nebeneinander bestehen, übertragen und belastet[6]) werden können[7]): auf zeit-

---

[1]) daneben gab es sog. folkland, das der gesamten Gemeinde gehörte.

[2]) näheres bei Pollock-Maitland S. 37–40; Dowson-Sheppard S. 5; Ockrent S. 15/16.

[3]) Mayman S. 266.

[4]) Wolff-Raiser S. 176; Yale S. 1375.

[5]) Lediglich die Dienstbarkeiten (easements, profits à prendre und restrictive covenants) sind dogmatisch und inhaltlich den römischen Servituten nachgebildet: sie gelten als »Rights in Alieno Solo« (James S. 367).

[6]) Erst seit 1875 ist es in England möglich, ein Grundstück im Sinne der BGB-Dogmatik hypothekarisch zu belasten (charge by way of legal mortgage). Früher mußte dem Hypothekengläubiger das gesamte estate übertragen werden, wobei er sich zur Rückübertragung nach Schuldtilgung verpflichtete (Lawson S. 155/156).

licher Ebene werden sie eingeteilt in »estates in possession« und »estates in expectancy« (reversion, remainder, future interests)[8]).

Werden dennoch im folgenden »fee simple« und »mortgage« der Einfachheit halber als »Eigentum« bzw. »Hypothek« bezeichnet – die terminologische Gleichstellung ist gerechtfertigt, da die Begriffe wirtschaftlich gesehen heute identisch sind[9]) – so möge man sich der unterschiedlichen dogmatischen Struktur dieser Rechtsinstitute bewußt bleiben.

Nach der Verdrängung des sächsischen Shire-Bocs durch das normannische Feudalrecht sollten nationale Register zunächst nicht wieder entstehen. Das 1086 angelegte berühmte Domesday Book diente ebenso wie verschiedene jüdische Hypothekenregister lediglich steuerlichen Zwecken[10]).

Im 13. Jahrhundert wurde am Königshof für den Landesadel (tenants-in-chief) ein Grundregister, die sog. Charter Rolls, angelegt. Die Übertragung eines Lehens erfolgte durch Verzicht des Veräußerers – das Lehen fiel damit an die Krone zurück – und Neuverleihung seitens der Krone an den Erwerber, die zu Beweiszwecken in die Charter Rolls eingetragen wurde. Die erste Registrierung ist aus dem Jahre 1251 überliefert, das System hat sich bis zum Ende des 14. Jahrhunderts gehalten[11]).

Bedeutsamer war das zur gleichen Zeit entstandene »Copyhold«-Buchsystem, das Begründung und Übertragung von Leibeigenen-Nutzungsrechten zum Gegenstand hatte. Es hat sich der Form nach bis 1925 erhalten und sah vor, daß ein Nutzungsrecht nur durch Eintragung in ein vom Gutsherrn geführtes Register (»Court Roll«) und Aushändigung einer Abschrift an den Leibeigenen (daher »Copyhold«) begründet werden konnte. Zur Rechtsübertragung war Einverständnis des Gutsherrn, Verzicht des Veräußerers und damit Rechtsrückfall an den Gutsherrn, Neuverleihung seitens des Gutsherrn und konstitutiv wirkende Eintragung in die Court Roll erforderlich. Der strenge Eintragungsgrundsatz war hier bereits verwirklicht: das Copyholdsystem hatte mithin – ebenso wie das Shire-Boc – grundbuchähnlichen Charakter[12]).

Außerhalb des beschränkten Geltungsbereichs dieser Sonderbücher wurden Grundstücksverfügungen ausnahmslos ohne Registereintragung vorgenommen. Freehold estates (fee simple, fee tail und life estate) wurden durch feoffment with livery of seisin, eine der fränkischen Investitur und Sale entsprechenden Einigung mit Besitzeinweisung, übertragen. Das Zeugnis der Nachbarn, später auch Beurkundung auf einem »Deed of Feoffment« sicherten ausreichende Publizität. Die Verfügung über alle anderen estates und interests erfolgte durch mündliche Einigung, seit 1676 durch Ausstellung einer gesiegelten Deed-Urkunde[13]) oder durch Scheinprozeß (recovery and fine)[14]).

---

7) Lediglich England hat durch umfassende Reformmaßnahmen sein Liegenschaftsrecht im Jahre 1925 modifiziert (unten § 11 Anm. 64).

8) Eingehende, gute Darstellungen der Estate-Lehre finden sich bei Cheshire, 4. Aufl. S. 28 f.; James S. 346 f.; Lawson S. 67 f. und Heymann, Trustee und Trustee Company, S. 492 f.; vgl. auch Yale S. 1375.

9) Lawson S. 6, 87; Lang S. 357; Siefert S. 14; James S. 351/352.

10) Dowson-Sheppard S. 5/6, 19; Ockrent S. 9/10.

11) Bailey S. 211–221.

12) Zum Copyhold siehe Ockrent S. 20–22.

Eine Evolution dieser Publizitätsansätze zu einem regulären Registersystem wurde durch die Härten des Feudalrechts verhindert, das den Grundeigentümern viele Beschränkungen und Pflichten auferlegte: So mußte der gesetzliche Inhaber des estate Kriegsdienste oder Geldabgaben leisten, bei jeder Veräußerung war eine Gebühr an den Lehnsherrn zu entrichten, eine testamentarische Vererbung war ausgeschlossen, der gesetzliche Erbe mußte dem Lehnsherrn hohe Abgaben zahlen und die Kirche durfte kein Land erwerben. Über alledem hing das Damoklesschwert der forfeiture, der Verwirkung des Rechts zugunsten des Lehnsherrn, die bei Nichterfüllung dieser Pflichten eintrat[15]). Diese gesellschaftlichen Mißstände förderten die Entwicklung des Treuhandwesens (uses, trusts): gegen Ende des 15. Jahrhunderts war der engliche Grund und Boden weitgehend auf Treuhänder (feofee to uses) übertragen[16]). Als nominelle Rechtsinhaber verwalteten sie die Grundstücke zugunsten der Treugeber (cestui que use), denen der gesamte wirtschaftliche Nutzen zufloß und deren dingliches »equitable estate« keinerlei Feudalrechtsbindungen unterlag[17]). Die Krone versuchte zwar, diesen für sie und die ritterlichen Lehnsherren unerträglichen Zustand durch Erlaß des berühmten »Statute of Uses« zu beenden[18]). Die Absicht, mittels dieses Gesetzes das legal estate wieder dem wirtschaftlich nutzungsberechtigten cestui zuzurechnen, erwies sich jedoch als Fehlschlag. Einerseits blieb infolge geschickter richterlicher Gesetzesauslegung die Möglichkeit erhalten, legal und equitable estate auch weiterhin zu trennen (hieraus entwickelte sich der moderne trust und damit die Möglichkeit, persönliche Rechte, die sich auf eine bestimmte Sache beziehen, zu verdinglichen)[19]), andererseits förderte das Statute ungewollt die Anonymität der Grundstücksverfügungen. Denn die – seit jeher formlose – Übertragung des equitable estate bewirkte nunmehr ipso iure auch den Übergang des legal estate (das bisher nur durch eine der drei oben dargestellten Verfügungsmodalitäten übertragbar war). Ein Versuch des Gesetzgebers, dieser Entwicklung durch Erlaß eines Registergesetzes, des »Statute of Enrolments«[20]) entgegenzuwirken, scheiterte am Widerstand der Anwaltschaft. Das Gesetz machte die Wirksamkeit einer formlosen Verfügung über ein freehold estate davon abhängig, daß sie binnen sechs Monaten nach Vertragsschluß im Londoner Königsgericht registriert wurde. Die Publizität des feoffment with livery of seisin, die auf öffentlicher Besitzeinweisung beruhte, sollte so durch Publizität der Eintragung ersetzt werden. Das fortschrittliche, grundbuchähnliche Gesetz[21]) wurde jedoch ausnahmslos umgangen. Da es sich nicht auf zeitlich begrenzte terms of

---

[13]) Denn betrügerische Grundstücksgeschäfte hatten überhand genommen. § 4 Statute of Frauds, 1676 (29 Car. II c. 3).
[14]) Vgl. Helmore S. 290 und Bordwell, Registration, S. 117.
[15]) Ockrent S. 16/17.
[16]) Ockrent S. 18.
[17]) Zur Entwicklung der equity siehe James S. 351; Ockrent S. 17.
[18]) 27 Henry VIII c. 10 (1536).
[19]) Rheinstein, Rezension, S. 1049 f.; James S. 351; Cheshire, 4. Aufl., S. 55/56.
[20]) 27 Henry VIII c. 16 (1536).
[21]) Heymann sieht in ihm die Anfänge eines Grundbuchsystems (Überblick über das englische Privatrecht, S. 321).

years bezog, spalteten die englischen Anwälte fortan die Verfügung über ein freehold estate in eine – formlose – term of years-Übertragung und eine anschließende – ebenfalls formlose – Übertragung des dem Veräußerer verbliebenen Rückfallrechts (reversion). So hatte der Käufer unter Umgehung des Statute of Enrolments das volle freehold estate »ratenweise« erworben. Dieses Verfahren, lease and release genannt, bürgerte sich rasch ein. Da seit 1676 für alle Grundstückskaufverträge und -verfügungen Schriftform obligatorisch ist[13]), wurde die Auflassung in zwei Urkunden vorgenommen. Später wurde die Übertragung des Rückfallrechts um einen Tag vordatiert, so daß beide Verfügungen gleichzeitig getroffen werden konnten. 1841 bestimmte schließlich ein Gesetz, daß zur Übertragung eines freehold estates die Übergabe eines gesiegelten Deeds genügt[22]).

Das »secret« oder »private conveyancing«, die anonyme Auflassung, das sich mit der erfolgreichen Umgehung des Statute of Enrolments endgültig durchgesetzt hatte, ist seither charakteristisch für die englische Rechtspraxis. Das alte common law System, das sich durch weitgehende Publizität der Grundstücksverfügungen auszeichnete, wurde völlig verdrängt[23]).

War die Flucht in die Anonymität ursprünglich durch ein legitimes Bedürfnis – das Abschütteln der unzeitgemäßen Feudallasten – durchaus gerechtfertigt, so werden seit gesetzlicher Abschaffung der drückendsten Lehnspflichten im Jahre 1660[24]) mehr oder weniger sachfremde Erwägungen zur Verteidigung des »secret conveyancing« herangezogen. Im Vordergrund standen die Interessen des Landadels. Ihm gehörte der größte Teil des englischen Grund und Bodens. Seine Güter waren durchweg Familienfideikommisse, sog. family settlements[25]), die er durch raffinierte juristische Kunstgriffe[26]) über Jahrhunderte im Familienbesitz hielt. Er war bestrebt, das Land in Händen weniger zu belassen, und unterstützte daher das »secret conveyancing«, denn mangelnde Publizität erschwerte die Veräußerbarkeit und Umlauffähigheit der Grundstücke. Ferner wurde die gefühlsmäßige Abneigung der englischen Landbesitzer gegen eine öffentliche Verlautbarung ihrer privaten Grundstücksrechte geltend gemacht[27]). Entschiedenste Verfechter des »secret conveyancing« waren jedoch die »conveyancers« selbst, die Rechtsanwälte, die sich mit Grundstückstransaktionen befaßten. Angesichts des komplizierten englischen Immobiliarsachenrechts garantierte ihnen das »secret conveyancing« eine Monopolstellung und eine einträgliche Praxis[28]), außerdem ließen sich betrügerische Grundstücksgeschäfte risikolos durchführen[29]).

---

[22]) § 2 Real Property Act (8 & 9 Vict. c. 106) (1845).
[23]) Bordwell, Registration, S. 117; Ockrent S. 19/20.
[24]) Statute for the abolition of military tenures (12 Car. II c. 2).
[25]) Bordwell, Registration, S. 119; FitzGerald S. 104/105.
[26]) Vgl. hierzu Lawson S. 131–134.
[27]) Ockrent S. 24.
[28]) Siefert S. 22.
[29]) So heißt es in einer Gesetzespräambel aus der damaligen Zeit: »The pernicious practice of raising money by the sale of life annuities (Grundrenten) hath of late years greatly increased and is much promoted by the secrecy with which such transactions are conducted« (Statute 17 Geo. 3 c. 26) (1777).

Ein Registersystem – Transkriptionsregister oder Grundbuch – das sich nur dort fruchtbar entwickelt, wo die öffentliche Verlautbarung von Liegenschaftsrechten als wünschenswertes Prinzip anerkannt wird, konnte sich in dieser publizitätsfeindlichen Umwelt natürlich nur mühsam durchsetzen – bis heute sind die Folgen dieser Verzögerung spürbar.

§ 8

2. Middlesex und Yorkshire Deeds Registration

Selbst der reformfreudige Cromwell – er nannte das englische Liegenschaftsrecht verächtlich »a tortuous and ungodly jumble«[30]) – konnte den Widerstand der Interessengruppen nicht überwinden. Fünf Versuche, ein allgemeines Grundregister einzuführen, scheiterten schon in den Parlamentsausschüssen[31]). 1663 wurde ein lokales Transkriptionsregister im Landkreis Bedford errichtet[32]), nach weiteren fruchtlosen Parlamentsdebatten in den Jahren 1677, 1685 und 1697 wurden 1703 und 1708 zwei regionale Transkriptionsregistergesetze für die Grafschaften Yorkshire (West Riding) und Middlesex verabschiedet[33]). Der Geltungsbereich des Yorkshire-Gesetzes wurde 1707 auf den östlichen und 1735 auf den nördlichen Teil der Grafschaft ausgedehnt[34]). Zweck dieser Gesetze war die Bekämpfung des betrügerischen Grundstückshandels und die Förderung des Realkredits der lokalen Textilindustrie. Alle Deeds-Urkunden, die Immobiliarverfügungen innerhalb der beiden Grafschaften betrafen, konnten auszugsweise registriert werden. Als reine Deedsregister ausgestaltet, waren nichtregistrierte Verfügungen nur inter partes, eingetragene Verfügungen auch gegenüber Dritten wirksam, wobei sich die Priorität zweier nicht miteinander in Einklang stehender Verfügungen nach dem Datum der Eintragung richtete. Bemerkenswert ist, daß hier zum ersten Mal in der Geschichte des englischen Liegenschaftsrechts ein echter Erwerb vom Nichtberechtigten stattfindet. Verkäufer A, der dem B ein legal estate übertragen hat, verfügt noch einmal über das gleiche Recht an X. Hat B vor der Verfügung an X seinen Rechtserwerb eingetragen, so bleibt es bei der common law Regel »prior tempore potior iure«, d. h. spätere Käufer können B nicht mehr aus seinem Recht verdrängen. Hat B nicht registriert, so erwirbt er zwar das legal estate, verliert es aber wieder, wenn die Verfügung an den Zweitkäufer X eingetragen wird. In diesem Falle hat Verkäufer A die Rechtsmacht behalten, über ein fremdes, dem B zustehendes estate, zugunsten des X zu verfügen – ein dem bisherigen common law ganz fremder Gedanke[35]).

---

[30]) Dowson-Sheppard S. 7.
[31]) 1649, 1650, 1651, 1652, 1656; Stewart-Wallace S. 25.
[32]) Statute 15 Car. II c. 17 (1663).
[33]) Yorkshire (West Riding) Statute 2 & 3 Anne c. 4 (1703); Middlesex Statute 7 Anne c. 20 (1708).
[34]) Yorkshire (East Riding) Statute 6 Anne c. 62 (1707); (North Riding) Statute 8 Geo. 2 c. 6 (1735).
[35]) Philbrick S. 156; Cheshire, 9. Aufl., S. 828; siehe auch unten § 15 Anm. 16.

Den Yorkshire und Middlesex-Deedsregistern fehlte natürlich der entscheidende Sicherheitsfaktor eines Grundbuchs – das materielle Publizitätsprinzip – denn gutgläubige Dritte konnten nicht auf die Rechtswirksamkeit der registrierten Verfügung vertrauen[36]. Treffend sprach Lord Cairns[37] von einer »blind registry, which tells you nothing about the title to the property, it only tells you that there are certain deeds in existence relating to the property, and having told you that, you must find out aliunde what those deeds do«.

Wegen ihres begrenzten Geltungsbereichs haben die regionalen Register die englische Rechtsentwicklung nicht wesentlich beeinflußt. Wiederholt wurde ihre Abschaffung gefordert (Royal Commission 1830: »From as early a date as possible the registries should be closed«)[38]. Das Middlesex-Register wurde am 1. 1. 1937 aufgelöst[39], die Registerämter der Grafschaft Yorkshire sind noch heute tätig[40].

§ 9

3. Treibende Kräfte im 19. Jahrhundert

Abgesehen von drei fruchtlosen Parlamentsdebatten in den Jahren 1739, 1758 und 1807 wurden nach Errichtung der Yorkshire und Middlesex-Register Pläne zur Einführung eines nationalen Grundregisters zunächst nicht weiter verfolgt. Mit fortschreitender Industrialisierung und Zunahme der landbesitzenden Bevölkerung infolge Aufteilung der großen Rittergüter setzte jedoch im 19. Jahrhundert ein Umschwung ein, der in den Jahren 1828 bis 1859 zu zahlreichen Ausschußberichten und Parlamentsdebatten und 1862 zur Errichtung eines Grundbuchs in London führte[41].

Das umständliche private conveyancing, das einen Rechtsnachweis nur durch den Besitz der title deeds (Auflassungsurkunden) ermöglicht, bot genügend Angriffspunkte, mußte ein »good title« doch an Hand der Urkunden theoretisch bis zum Jahre 1189 und praktisch mindestens 60 Jahre zurückverfolgt werden[42]. Die title deeds waren überdies schwer verständlich und umfangreich, denn bis 1881 richtete sich die Höhe der Anwaltsgebühren nach der Länge der Urkunden[43]. Befragt, was er von den title deeds halte, meinte Lord Westbury, Verfasser des Grundbuchgesetzes von 1862: »Difficult to read, impossible to understand and disgusting to touch«[44]. Entscheidender

---

[36] Cheshire aaO.
[37] Berichterstatter des parlamentarischen Grundbuchausschusses von 1878, zitiert bei Stewart-Wallace S. 4.
[38] Zitiert bei Steward-Wallace S. 5.
[39] Land Registration Act 1936 (26 Geo. 5 & 1-Edw. 8 c. 26) § 2/2.
[40] Siehe Smith S. 970–973.
[41] Ockrent S. 27/28; Bordwell, Registration, S. 118–122.
[42] Marshall S. 79; Ockrent S. 28.
[43] Siefert S. 77.
[44] Ruoff, Vortrag, S. 2.

Mangel war jedoch die Unsicherheit des Systems, denn Verlust oder Fälschung nur einer einzigen Urkunde in der Titelkette konnte das Grundstück entwerten. Auf diesen Umstand verwiesen die Real Property Commissioners, die 1830 die Einführung eines nationalen Transkriptionsregisters empfahlen, mit besonderem Nachdruck[45]).

Neben diesen juristischen Erwägungen trieben vor allem wirtschaftliche, soziologische und politische Faktoren die Grundbuchentwicklung voran. Die von Richard Cobden geführte Freihandelsbewegung verlangte nicht nur Abschaffung der Getreideschutzzölle, sondern auch freien Grundstückshandel. Insoweit einig mit liberalen Kreisen um Jeremy Bentham und dem sozialistischen Theoretiker John Stuart Mill, wollte man aus wirtschaftlichen und weltanschaulichen Gründen die Stammgüter der Aristokratie umlauffähig machen[46]). »The land in fetters«, das Land war gefesselt[47]) – auch im Interesse des landbesitzenden Adels, der selbst nur begrenzte Verfügungsmöglichkeiten über seine Fideikommisse besaß, also z. B. kaum in der Lage war, Hypotheken für Grundstücksverbesserungen aufzunehmen[48]), galt es, die Fesseln abzustreifen. Hinzu kam die wirtschaftliche Entwicklung nach dem Widerruf der Getreidegesetze[49]): die durch amerikanische Importe bedingte Getreideschwemme trieb viele Bauern in den Konkurs und zwang sie zum Verkauf ihres Landes[50]). Einigkeit bestand darüber, daß die Mobilisierung von Grund und Boden nur mit Hilfe eines allgemeinen Registers durchführbar war. Angesichts der schlechten Erfahrungen, die man mit den regionalen Middlesex und Yorkshire-Deedsregistern gemacht hatte, wurde das ursprünglich geplante Transkriptionsregister zugunsten eines Grundbuchs verworfen[51]).

§ 10

4. Title Registration

Man hoffte, auf diese Weise Grundstücksverfügungen ebenso einfach zu gestalten wie die Übertragung von Aktien der Bank von England durch Eintragung in das Aktienbuch[52]).

Der idealistische Schwung, der 1862 zur Verabschiedung des ersten englischen Grundbuchgesetzes – Lord Westbury's Act[53]) – führte, verebbte jedoch rasch angesichts der enormen praktischen Schwierigkeiten.

---

[45]) Bordwell, Registration, S. 118.
[46]) Dicey S. 226/227.
[47]) Damaliges Schlagwort, einem Aufsatztitel entnommen, vgl. Bordwell, Registration, S. 119.
[48]) Lawson S. 148.
[49]) Statute 9 &10 Vict. c. 22 (1846).
[50]) FitzGerald S. 104.
[51]) Dowson-Sheppard S. 37; Dicey S. 222.
[52]) Bordwell, Registration, S. 119.
[53]) Land Registry Act, 25 & 26 Vict. c. 53 (1862).

a) Vorgesehen war freiwillige Buchung von freehold und leasehold estates. Gemäß § 5 des Gesetzes mußte der Antragsteller im Buchungsverfahren einen Besitztitel nachweisen, den ein equity-Gericht für umlauffähig erklären würde, d. h. nach damaliger Praxis eine lückenlose, mindestens 60 Jahre zurückreichende Titelkette. Dieser Nachweis war äußerst schwierig zu führen. Als weitere Eintragungsvoraussetzung war eine genaue geometrische Grundstücksvermessung vorgesehen (§§ 10 und 25 Abs. 3 des Gesetzes). Da man insoweit nicht auf einen Steuerkataster zurückgreifen konnte – denn der englische Fiskus erhob die Grundsteuern unmittelbar bei den wenigen Großgrundbesitzern, denen der größte Teil des englischen Bodens gehörte[54]) – war eine Neuvermessung notwendig, deren Kosten dem Antragsteller aufgebürdet wurden. Dem schwierigen, lückenlosen Rechtsnachweis und der Kostenlast war der völlige Mißerfolg des Gesetzes zuzuschreiben. 1868, sechs Jahre nach Inkrafttreten, waren in England und Wales erst 327 Buchungen erfolgt, und 1882, als das Grundbuch aufgelöst wurde, waren nicht mehr als 488 Grundstücke im ganzen Lande registriert[55]).

b) Lord Cairns, Verfasser des zweiten, 1875 in Kraft getretenen Grundbuchgesetzes (Land Transfer Act)[56]), vermied die Fehler seines Vorgängers. Schon ein leicht nachweisbarer »ordinary good holding title« war eintragbar (§ 17 Abs. 3); war dem Antragsteller selbst dieser Nachweis nicht möglich, so konnte ein »possessory title« gebucht werden. Er ließ Rechte Dritter, die vor Buchung entstanden waren, unberührt und gewährte die Grundbuchvorteile nur für die Zukunft (§§ 5 und 6). Die Landvermessung war ungenau, aber auch billig – nur sog. »general boundaries«, nicht die genauen Grundstücksgrenzen, wurden festgelegt (§ 83 Abs. 5). Trotz dieser im Interesse der Grundbesitzer geschaffenen Erleichterungen war das neue Gesetz ein noch größerer Fehlschlag als Lord Westbury's Act. Der englische Sachenrechtler Brickdale[57]) stellte fest: »Lord Cairns' Act greatly facilitated registration but had no perceptible effect in increasing their numbers«. Nur 47 Buchungen erfolgten bis 1878; 1885, nach zehnjähriger Geltungsdauer des Gesetzes, waren 113 Titel gebucht und 1895 war erst 1/300 aller englischen Grundstücke im Grundbuch registriert[58]).

c) Lord Halsbury's Land Transfer Act von 1897[59]), der das Grundbuchgesetz von 1875 ergänzte, sah daraufhin einen beschränkten Buchungszwang vor. Die betreffenden Gesetzesbestimmungen, die durch Übernahme in den Land Registration Act von 1925 (§§ 120-125) auch heute noch geltendes Recht sind, ermächtigen den Privy Council (Kronrat), den Grundbuchzwang im Wege der Rechtsverordnung für einzelne Grafschaften oder Städte anzuord-

---

[54]) Dowson-Sheppard S. 49.
[55]) Dowson-Sheppard S. 39 und Ockrent S. 28.
[56]) 38 & 39 Vict. c. 87 (1875).
[57]) Zitiert bei Bordwell, Registration, S. 123 Anm. 67.
[58]) Dowson-Sheppard S. 41.
[59]) 60 & 61 Vict. c. 65 (1897).

nen (sog. selective compulsion). Die erste Veräußerung eines legal estate nach Anordnung des Buchungszwangs muß der Erwerber dem Grundbuchamt zwecks Anlegung eines Grundbuchblatts melden. Zeigt er die Verfügung nicht binnen zwei Monaten nach Erwerb an, so fällt das estate an den Veräußerer zurück. Bis 1936 mußte der betreffende Grafschaftsrat der Rechtsverordnung zustimmen[60]), jetzt kann der Grundbuchzwang auch gegen den Willen der lokalen Körperschaften angeordnet werden[61]). Während der Geltungsdauer des Land Transfer Act 1897 wurde die Zwangsbuchung nur in Grafschaft und Stadt London schrittweise von 1899 bis 1902 eingeführt[62]).

§ 11

d) Der Land Registration Act 1925[63]),
das heute geltende Grundbuchgesetz, wurde im Zuge der großen Liegenschaftsrechtsreform von 1925[64]) verabschiedet, die das mehr als 600 Jahre alte englische Feudalrecht gründlich modernisierte. Durch Änderung der Erbfolgeregeln und Abschaffung des Copyhold wurde das Liegenschaftsrecht weitgehend dem Mobiliarsachenrecht angeglichen, für die bisher zahlreichen legal estates wurde ein strikter numerus clausus eingeführt[65]). Gemäß §§ 1 und 87 Law of Property Act gibt es nur noch zwei legal estates und eine Gruppe legal interests an einem Grundstück:
1. als freehold estate das estate in fee simple absolute in possession,
2. als estate less than freehold den term of years absolute,
3. als interests fünf Rechte, die zeitlich einem fee simple oder term of years entsprechen, am wichtigsten sind hier easements (Grunddienstbarkeiten) und rentcharges (Rentenschulden). Alle anderen Rechte, wie life estates, estates in fee tail, tenancy in common (Miteigentum) und estates, die nicht zum Besitz berechtigen (reversions, remainders, future interests) gelten nur noch in equity und erlöschen gegenüber gutgläubigen Käufern[66]). Die praktisch wichtigsten equities – reversion, remainder, alle future interests und tenancy in common, deren Vorhandensein nach bisherigem Recht die Übertragbarkeit von Grundstücken sehr erschwert hatte[67]) – erlöschen sogar gegenüber bösgläubigen Käufern und verwandeln sich in einen Geldanspruch auf Auskehrung des Kaufpreises[68]). Mit dieser Maßnahme war das erklärte Ziel der Reformgesetz-

---

[60]) Land Transfer Act 1897, § 20 Abs. 6 und 8.
[61]) Land Registration Act 1925, § 120.
[62]) Ruoff, Practice, S. 64.
[63]) (LRA) 15 Geo. 5 c. 21 (1925).
[64]) Neben dem wichtigen Law of Property Act (LPA) (15 Geo. 5 c. 20 [1925]) traten am 1. 1. 1926 sechs Gesetze in Kraft: Settled Land Act, Trustee Act, Administration of Estates Act, Universities and Colleges Estates Act, Land Charges Act, Land Registration Act.
[65]) James S. 351.
[66]) James S. 352 und Lawson S. 65.
[67]) Payne, Crisis, S. 222 und 226/227.
[68]) James S. 352/353, 375, 377 und Lawson S. 85, 146/147.

gebung erreicht, die settlements, die Familienstammgüter, zu »befreien« und »in den Verkehr zu bringen«[69]), denn der Verwalter des Stammgutes ist nun gesetzlich ermächtigt, das Grundstück auch gegen den Willen der übrigen dinglich berechtigten Familienmitglieder zu veräußern, ihre Rechte surrogieren zu anteilmäßigen Beteiligungen am erzielten Kaufpreis.

Das neue Liegenschaftsrecht gilt gleichermaßen für gebuchte und ungebuchte Grundstücke. Sinn des Land Registration Act 1925 war es, die materiellrechtlichen Bestimmungen der Land Transfer Act 1875 und 1897 mit der neuen Rechtslage in Einklang zu bringen[70]). Buchungsfähige estates sind fee simple und term of years, als interests können easements und rentcharges registriert werden, die Buchung anderer estates und interests, die nur in equity bestehen können, ist ausgeschlossen[71]). In registerpflichtigen Landesteilen setzt der Buchzwang ein mit Veräußerung des legal estate, mit Begründung eines über vierzigjährigen term of years und mit der Abtretung eines solchen term of years. Die selten vorkommende Buchung von easements und rentcharges ist fakultativ[72]).

Nach der Prüfung der Rechtsbeständigkeit des Titels und nach einer Landvermessung, die jedoch nicht die exakten Grundstücksgrenzen festlegt[73]), gewährt der Chief Land Registrar (Grundbuchführer, juristisch ausgebildeter Verwaltungsbeamter)[74]) bei freehold estates in der Regel einen »absolute title«, bei terms of years einen »good leasehold title«. Ist kein einwandfreier Rechtsnachweis möglich, so wird ein »qualified title« oder ein »possessory title« eingetragen, die Rechte Dritter unberührt lassen. Da der Grundbuchführer größte Ermessensfreiheit hat und auch mit kleineren Mängeln behaftete Titel als »absolute« oder »good leasehold« buchen darf[75]), gehören 95% aller gebuchten Titel zu dieser Kategorie[76]). Mit Eintragung erwirbt der Antragsteller das legal estate, eingeschränkt durch im Grundbuch eingetragene Belastungen[77]). Allerdings ist das Eintragungsprinzip nicht konsequent durchgeführt, da der gebuchte Titel auch mit einigen nicht eintragungspflichtigen Rechten Dritter belastet ist. Zu diesen sog. »overriding interests« zählen u. a. Dienstbarkeiten auf dem dienenden Grundstück, Schürfrechte, Ersitzungsrechte (möglich ist eine unbeschränkte Kontratabularersitzung innerhalb 12

---

69) Payne, Crisis, S. 228 Anm. 3.1.

70) Das formelle Grundbuchrecht ist in den Land Registration Rules 1925 zusammengefaßt.

71) Registration of Title in England, S. 183.

72) Ruoff, Practice, S. 166.

73) Ebenso wie nach dem Gesetz von 1875 werden aus Zeit- und Kostenersparnisgründen nur »general boundaries« festgelegt. Lediglich auf Antrag erfolgt gegen beträchtliche Gebühren eine genaue Grenzfixierung (Land Registration Rules 276–279; siehe auch oben § 10 4 b und Ruoff S. 38/39).

74) Bordwell, Registration, S. 121.

75) § 13 c LRA; FitzGerald S. 109.

76) Report on H. M. Land Registry 1960/61.

77) Hypotheken und sog. minor interests: equity-Rechte, die zwar nicht eintragbar sind, deren Wirksamkeit Dritten gegenüber, soweit der Law of Property Act sie zuläßt, aber durch widerspruchsähnliche Grundbuchvermerke (notice, caution, inhibition oder restriction) erhalten bleibt (Ruoff S. 43, 193 ff.).

Jahren)[78]) und einige öffentliche Grundstückslasten[79]). Das Grundbuchblatt, das bei der Buchung angelegt wird, besteht aus drei Abteilungen (Property Register, Proprietorship Register, Charges Register). Dem Titelinhaber wird eine Abschrift des Grundbuchblattes ausgehändigt, das »Land Certificate«. Es muß bei jeder Verfügung dem Grundbuchamt vorgelegt werden und erbringt Beweis für den Bestand der eingetragenen Rechte. Bei Widerspruch zwischen Certificate und Buch ist der Inhalt des Buches maßgebend. Das Land Certificate ersetzt die früheren title deeds[80]).

Im Gegensatz zum Land Transfer Act 1897, der eine Verfügung über eingetragene Rechte auch außerhalb des Grundbuchs zuließ, bestimmt der Land Registration Act, daß über gebuchte Rechte nur mittels Eintragung verfügt werden kann (§ 69 Abs. 4)[81]). Vor Eintragung erwirbt der Käufer bloß eine equity[82]). Darüber hinaus ist nur die Eintragung, nicht zusätzlich eine materiellrechtlich wirksame Einigung für den Rechtserwerb maßgebend: »The registered proprietor is deemed to have vested in him, without any conveyance, where the registered land ist freehold, the legal estate in fee simple in possession, where it is leasehold, the legal term created by the registered lease« (LRA § 69 Abs. 1). So wird auch ein Geisteskranker oder Betrüger mit Eintragung Rechtsinhaber[83]), allerdings kann in diesen, wie auch in anderen Fällen, gemäß § 82 LRA das Grundbuch zugunsten des früheren Eigentümers, dem eine dingliche equity verbleibt, berichtigt werden (dogmatisch liegt keine Berichtigung im Sinne des § 894 BGB, sondern eine Rückübertragung des Rechtes vor)[84]). Gutgläubige Käufer werden geschützt, ihnen gegenüber ist der Rückübertragungsanspruch ausgeschlossen (§ 82 Abs. 3 LRA; ein gutgläubiger Erwerb im Sinne des § 892 BGB ist konstruktiv nicht gegeben, denn wahres Eigentum und Bucheigentum fallen nach § 69 Abs. 1 LRA nie auseinander). Wer durch Eintragung eines Dritten oder durch Berichtigung unverschuldet einen Rechtsverlust erleidet, erwirbt einen Ersatzanspruch gegen einen staatlichen Versicherungsfonds, der aus Gebühreneinnahmen gespeist wird (§§ 83–85 LRA)[85]).

Während bis 1926 nur für Grafschaft und Stadt London Grundbuchzwang bestand, wurde in der Folgezeit die Buchungspflicht durch Rechtsverordnung des Privy Council auf weitere Gebiete ausgedehnt: Stadt Eastbourne (1. 1. 1926), Stadt Hastings (1. 1. 1929), Grafschaft Middlesex (1. 1. 1937), Stadt Croydon (1. 1. 1939), Grafschaft Surrey (15. 3. 1952), Stadt Oxford (1. 1.

---

78) Real Property Limitations Act 1939 (2 & 3 Geo. 6 c. 21).

79) Vollständige Aufzählung der overriding interests in LRA § 70; wegen der Besonderheiten der Zwangsvollstreckung von Gemeindeabgaben siehe LRA §§ 59 Abs. 2, 26 und 34.

80) Curtis-Ruoff S. 29–31.

81) Der Grundbuchführer kann den Eintragungsantrag zurückweisen, falls er nicht den gesetzlichen Voraussetzungen entspricht (Ruoff, Practice, S. 74/75).

82) Ockrent S. 32.

83) Curtis-Ruoff S. 74/75 und 825.

84) Curtis-Ruoff S. 834/835.

85) Der Fonds haftet primär ohne Befreiungsmöglichkeit im Sinne § 839 Abs. 1 S. 2 BGB (Curtis-Ruoff S. 828).

1954), Stadt Oldham (15. 10. 1956), Grafschaft Kent (1. 3. 1957 – 1. 1. 1961), Stadt Leicester (1. 10. 1957), Städte Manchester und Salford (2. 10. 1961), Stadt Huddersfield (2. 4. 1962), Stadt Blackburn (1. 6. 1962), Stadt Reading (1. 10. 1962), Stadt Rochdale (1. 1. 1963), Grafschaft Berkshire (1. 4. 1963), Stadt Coventry (1. 12. 1964), Städte Sutton Coldfield, Nuneaton, Rugby und Bedworth (1. 2. 1965), Londoner Stadtteile Newham und Barnet (1. 4. 1965). Bis Juli 1963 hatten fünf weitere Grafschaften sowie zehn Städte Antrag auf Einführung des Grundbuchzwangs gestellt[86]).

Die Zuwachsrate an gebuchten Grundstücken war insbesondere während der vergangenen fünfzehn Jahre beträchtlich – sowohl in Gebieten, die dem Buchungszwang unterworfen sind, wie auch in anderen Landesteilen, in denen Grundstücke freiwillig gebucht werden können. 1947 wurden 20 878, 1951 21 584, 1960 67 143, 1961 74 248, 1962 70 622, 1963 77 818 und 1964 91 623 Buchungen vorgenommen, davon waren 1954 8%, 1962/63 13,5% und 1964 16,2% freiwillig. Gleichermaßen angestiegen ist der Geschäftsanfall in den englischen Grundbuchämtern: 1947 waren 311 006 Vorgänge zu erledigen, 1951: 399 000, 1961: 925 853, 1963: 1 095 624 und 1964 1 342 461. Ende 1964 waren insgesamt 2 251 183 Titel gebucht; gegenwärtig werden etwa 1/4 aller englischen Grundstücksverfügungen grundbuchlich abgewickelt. 1964 entfielen 30% dieser Verfügungen auf freiwillig gebuchtes Land[87]).

Die Zunahme der Registrierungen bedingte eine organisatorische Dezentralisierung: Neben dem bisher allein zuständigen Londoner Grundbuchamt wurden selbständige Distriktämter in Lytham St. Annes, Tunbridge Wells, Nottingham (2. Dezember 1963) und Harrow-on-the-Hill (1. März 1965) errichtet, die fortan die regionale Grundbuchverwaltung in eigener Zuständigkeit wahrnehmen[88]). Die Errichtung weiterer Provinzämter ist vorgesehen. Der Personalbestand der englischen Grundbuchverwaltung stieg von 459 im Jahre 1947 auf 2 470 im Jahre 1964[89]).

§ 12

Land Charges Register

Dennoch sind die meisten Grundstücke noch ungebucht und registerfrei (sofern nicht in der Grafschaft Yorkshire gelegen und der dortigen Deeds Registration unterworfen). Der größte Teil des englischen Bodens wird noch durch geheime Auflassung, secret conveyancing, übertragen. Lediglich für bestimmte Belastungen wurde 1926 in London ein Transkriptionsregister, das Land

[86]) Briefliche Auskunft des Chief Land Registrar vom 27. Februar 1964; Reports on H. M. Land Registry 1962/63 S. 3, 1964 S. 3; Registration of Title to Land 1965 S. 5.

[87]) The Future of Registered Conveyancing S. 61; Reports (Anm. 86) 1962/63, 1964 S. 2–8.

[88]) Land Registration (District Registries) Orders 1963 (S. I. 1963 No. 1706), 1964 (S. I. 1964 No. 1650), 1965 (S. I. 1965 No. 100).

[89]) Report (Anm. 86) 1964 S. 11.

Charges Register, geschaffen. Es hat seinen Ursprung in einem Rentenregister, das 1777 errichtet wurde, um den schwunghaften Handel mit gefälschten Grundrentenbriefen zu unterbinden. Nichteingetragene Renten waren unwirksam gegenüber gutgläubigen Dritten[90]). Im Laufe des 19. Jahrhunderts kamen andere Grundstücksbelastungen hinzu und im Zuge der Liegenschaftsrechtsreform wurde 1926 das Land Charges Register eingerichtet. Eintragbar sind u. a.[91]):
1. Puisne mortgages (zweite Hypotheken, die nicht durch Übergabe der title deeds begründet und gesichert werden können); 2. limited owner's charges (Eigentümergrundschulden eines life estate-Inhabers); 3. equitable mortgages; 4. estate contracts (Grundstückskaufverträge); 5. restrictive covenants[92]); 6. equitable easements[92]); 7. Grundstückshaftung für Erbschaftssteuern.

Funktionell gleichen diese Rechte den minor interests des Land Registration Act: Dritte müssen sie nur gegen sich gelten lassen, wenn sie eingetragen sind[93]). Land Registration Act und Land Charges Act schließen einander aus: für gebuchtes Land ist nur das Grundbuch, für nichtgebuchte Grundstücke außerhalb der Grafschaft Yorkshire nur das Land Charges Register zuständig[94]). Die Suche im Register ist recht zeitraubend, denn die Eintragungen sind nicht, wie im Grundbuch, nach dem Realfoliumsprinzip geordnet, sondern werden chronologisch abgeheftet. Ein alphabetischer Index, der die Namen der Grundeigentümer enthält, verweist auf die wahllos im Register verstreuten Belastungsurkunden. Das Register wird von Jahr zu Jahr umfangreicher. Gegenwärtig sind zwei Millionen charges in 10 000 Bänden des zentralen Londoner Registeramtes eingetragen[95]). Auch der alphabetische Index wächst ständig – die Namen früherer Grundeigentümer können nicht gelöscht werden, da Grundstücksbelastungen nur an Hand dieser Namen auffindbar sind. Im Jahre 1962 wuchs der Index um 246 auf 5 421 Bände, 1963 waren mehr als 2 250 000 Namen in etwa 5 600 Indexbänden verzeichnet[96]).

Zu diesen technischen Schwierigkeiten gesellt sich ein schwieriges juristisches Problem. Nach § 44 Abs. 1 Law of Property Act hat der Käufer eines legal estate das Recht, vom Verkäufer den Nachweis einer dreißigjährigen lückenlosen Titelkette zu verlangen. Da ihm die Überprüfung der früheren Titelgeschichte verwehrt ist, bleiben ihm Belastungen, die vor der Dreißigjahresfrist begründet wurden, unbekannt. Er muß sie dennoch gegen sich gelten lassen, wenn sie im Land Charges Register eingetragen sind. Wären die Eintragungen nach dem Realfoliumsprinzip geordnet, so ließen sich auch diese älteren Eintragungen ohne weiteres entdecken. Nach dem geltenden chronologischen Ordnungsprinzip in Verbindung mit dem alphabetischen Eigentümerindex ist aber eine Belastung nur auffindbar, wenn der Name des belasteten Eigentümers

---

90) Statute 17 Geo. 3 c. 26 (1777).
91) § 10 Land Charges Act (15 & 16 Geo. 5 c. 22); Land Charges Class C and D.
92) Siehe oben § 7 Anm. 5.
93) §§ 20, 23 LRA – §§ 3, 5, 7, 9, 13 Land Charges Act in V. m. §§ 198, 199 Law of Property Act; vgl. auch Megarry-Wade S. 1000 und oben § 11 Anm. 15.
94) Curtis-Ruoff S. 733.
95) Wade S. 218, 221.
96) Reports on H. M. Land Registry 1961/62 S. 8, 1963 S. 12.

bekannt ist. Da jedoch der Käufer nur die Eigentümer der letzten dreißig Jahre namentlich kennt, bleiben ihm früher begründete charges verborgen. Folglich wächst seit 1956 – damals bestand das Land Charges Register dreißig Jahre – die Rechtsunsicherheit, denn jeder Erwerber muß damit rechnen, daß ältere eingetragene, aber nicht auffindbare Grundstücksbelastungen bestehen[97]). Da die einzige Abhilfe – Umstellung des Registers auf das Realfoliumsprinzip – angesichts der schon vorhandenen zwei Millionen Eintragungen technisch undurchführbar ist, kam der Ausschuß, den die Regierung zur Untersuchung des Problems eingesetzt hatte, zu dem resignierenden Schluß: »We are the inheritors of a transitory system which was bound to disclose this defect after 30 years of transition and it seems too late to disclaim our inheritance. The only policy which we can recommend is to press on as quickly as may be with the extension of the system of compulsory registration of title«[98]).

Schnelle Ausdehnung des Grundbuchzwangs wird empfohlen – eine Forderung, die auch der englische Rechtslehrer Prof. F. A. Mann erhebt; angesichts seiner Vertrautheit mit dem deutschen Grundbuchrecht kommt diesem Votum besondere Bedeutung zu. Er sei daher zum Abschluß des Länderberichts zitiert – in einer englischen Rezension des Baur'schen Sachenrechtslehrbuchs[99]) heißt es: »... such English Lawyers as will look at this book will derive one outstanding impression: they will be struck again by the simplicity and attractiveness of a system of land registration and the really most unbelievable fact that after many decades the far greater part of English land is still unregistered«.

---

[97]) Wade S. 218.

[98]) The Lord Chancellor's Committee on Land Charges Report, Juli 1956, zitiert bei Wade S. 222.

[99]) 77 (1961) Law Quarterly Review S. 597.

IV. Australien — Neuseeland — Kanada

§ 13

1. Deeds Registration

Diese ehemals britischen Kolonien errichteten in der ersten Hälfte des 19. Jahrhunderts allgemeine Deedsregister, die im wesentlichen den Grafschaftsregistern in Yorkshire und Middlesex entsprechen. So bestimmt der Registration of Deeds Act des australischen Bundesstaates Neu-Süd-Wales[1]), daß alle Verpflichtungs- und Verfügungsurkunden eintragungsfähig sind (§§ 3,18). Im Falle des Verlustes der Originalurkunde können die Eintragungen als Beweismittel herangezogen werden[2]); sofern der Erwerber gutgläubig ist, gehen eingetragene, entgeltliche Rechtsgeschäfte im Range vor (§ 12). Abweichend von den regionalen englischen Deedsregistern hat die Eintragung in bestimmten Fällen konstitutive Kraft: Die Löschung einer Hypothek ist eintragungspflichtig[3]), außerdem kann bei dem in Australien auch heute noch statthaften feoffment with livery of seisin[4]) die Feudalinvestitur durch Registrierung eines »Deed of Feoffment«, einer Beweisurkunde, ersetzt werden[5])[6]).

§ 14

2. Title Registration (Torrenssystem)

Viel bedeutsamer sind die Grundbuchgesetze, die in diesen Ländern als sog. Torrenssystem gelten, denn sie sind im Begriff, die Deeds Registration zu verdrängen und haben als Vorbild für die u.s.-amerikanische Grundbuchgesetzgebung gedient.

Als Beispiel sei wiederum Australien, das Mutterland des Torrenssystems, herangezogen, dessen Gesetze in den Grundprinzipien ohnehin dank der allgemein verbindlichen Rechtsprechung des Privy Council[7]) mit den neuseeländischen und kanadischen Torrensgesetzen übereinstimmen. Die heutigen australischen Grundbuchgesetze[8]) sind dem südaustralischen Real Property Act

---

[1]) No. 22, 1897 (60 & 61 Vict. c. 61), erstmalig wurde hier 1825 ein Deedsregister eingeführt (Registration Act 6 Geo. 4, No. 22).

[2]) Evidence Act 1898 No. 11, §§ 28, 29.

[3]) Conveyancing Act 1919 No. 6, § 91 Abs. 3.

[4]) Siehe oben § 7 Anm. 14.

[5]) Conveyancing and Law of Property Act 1898 No. 17, § 31.

[6]) Weitere Fälle, in denen die Registrierung konstitutiv wirkt, finden sich bei Helmore S. 304.

[7]) Helmore S. 5.

[8]) *New South Wales:* The Real Property Act 1900–1955 (zitiert N. S. W.)
Queensland: The Real Property Act 1861–1952 (zitiert Q.)
South Australia: The Real Property Act 1886–1945 (zitiert S. A.)
Tasmania: The Real Property Acts 1862–1955 (zitiert T.)
Victoria: The Transfer of Land Act 1928–1955 (zitiert V.)
Western Australia: The Transfer of Land Act 1893–1954 (zitiert W. A.)

von 1857[9]) nachgebildet, dessen Verfasser Sir Robert Torrens war. Torrens, ein britischer Beamter, war seinerzeit Zollinspektor im Londoner Hafen und übte diese Tätigkeit seit 1840 in Adelaide aus, der Hauptstadt der Kolonie Süd-Australien. 1853 wurde er zum Leiter der dortigen Deedsregisterbehörde ernannt. Das Transkriptionssystem, das er nun kennenlernte, erschien ihm unzulänglich und dringend reformbedürftig, denn er hatte sich während seiner Tätigkeit als Zollinspektor mit dem englischen Schiffsregister befaßt, das mit voll ausgebildetem Eintragungsprinzip und Gutglaubensschutz Grundbuchcharakter aufwies. Die zeitraubende Überprüfung der Titelketten und der umfangreichen Deeds-Urkunden, die ihm jetzt oblag, empfand er als unnütz, seinen neuen Beruf beschreibt er als »a wearying and not very intellectual labour«. Auch die Anwaltschaft, die sich mit Grundstückstransaktionen befaßte, beurteilt er kritisch: »Instead of plain simple sense they showed some ingenious juggling. They love the mysteries, which they have spent so much time in learning, and they do not like the rude hand which would wipe away the cobwebs, in spinning which they have spent their zeal, their days for perhaps half a century«[10]). Diese Beweggründe veranlaßten Torrens, ein Grundbuchsystem auszuarbeiten, das eine eigenartige Mischung modernster, dem Schiffsregisterrecht entnommener Grundbuchprinzipien und altertümlicher lehnsrechtlicher Grundsätze darstellt. Motiv und Grundprinzipien seines Systems beschreibt Torrens so: »Alleinige Ursache aller Unzulänglichkeiten des bisherigen Systems war die »abhängige« Natur der Rechtstitel. Erhebliche Erfahrung ist nötig, um eine Titelkette durch alle früheren Eigentümer hindurch zurückverfolgen zu können, um jede Urkunde und jede Verfügung zu prüfen, um sich zu vergewissern, ob alle Formvorschriften eingehalten und keine equitable interests übersehen worden sind. Eine Prüfung, die bei jeder Grundstücksveräußerung von Anfang an neu stattfinden muß, ist natürlich mit hohen Kosten verbunden. Ein dergestalt »abhängiger« Titel ist eine Kette, die nicht stärker ist als ihr schwächstes Glied. Jede Verfügung fügt ein neues Glied hinzu und erhöht damit die Verwirrung und das Verlustrisiko. Oberstes Prinzip des neuen südaustralischen Real Property Act ist es daher, »unabhängige« Titel zu schaffen. Eine Überprüfung der Titelgeschichte ist ausgeschlossen, denn jeder Rechtsinhaber leitet sein Recht unmittelbar von der Krone ab. Als notwendiges zweites Prinzip folgt die Unanfechtbarkeit dieses Titels, daraus ergibt sich wiederum die Notwendigkeit, einen Versicherungsfonds zu schaffen, um diejenigen zu entschädigen, die ihr Recht an einen fälschlich eingetragenen Dritten verloren haben«[11]).

Torrens' Reformbestrebungen kommen auch in der Präambel seines »Real Property Act« anschaulich zum Ausdruck: »Whereas the inhabitants of South Australia are subjected to losses, heavy costs and much perplexity by reason that the laws relating to the transfer and encumbrance of freehold and other interests in land are complex, cumbrous and unsuited to the requirements of

---

[9]) Siehe § 6 Anm. 17.
[10]) Fox S. 489/490.
[11]) Sir Robert Torrens, Registration of Title, zitiert bei Kerr S. 6 Anm. 2.

the said inhabitants, it is therefore expedient to amend the said laws«. Gegen den Willen der Regierung brachte Torrens, der inzwischen Abgeordneter geworden war, seinen Gesetzesentwurf im Kolonialparlament ein, wo er 1857 gegen den erbitterten Widerstand der Rechtanwälte und Richter der Kolonie verabschiedet wurde (Mr. Justice Gwynne: »The Real Property Act as it stands at present is a scandal on the legislation of the Colony«).

Das Gesetz trat am 1. Juli 1858 in Kraft – es galt fakultativ neben dem Registration of Deeds Act – und Torrens wurde zum Grundbuchführer ernannt[12]). Trotz der unvermindert anhaltenden anwaltlichen Opposition wurde das neue Grundbuchrecht rasch auch von andern Staaten übernommen: entsprechende Torrensgesetze – die allerdings in der Regel unübersichtlich und unklar abgefaßt sind[13]) – ergingen 1861 in Queensland, 1862 in Victoria, Neu-Süd Wales und Tasmanien, 1874 in Westaustralien, 1870 in Neuseeland, 1869 in British Columbia, 1885 in Manitoba und 1886 in Saskatchewan, Alberta und dem kanadischen Nord-West Territorium[14]).

Übereinstimmend sehen die Torrensgesetze Buchungspflicht für alle Grundstücke vor, die nach Inkrafttreten der Gesetze von der Krone veräußert werden. Damit wurde ein großer Teil des australischen Bodens dem Grundbuchzwang unterworfen, denn im 19. Jahrhundert stand das meiste – inzwischen an Siedler verliehene – Land noch im Kroneigentum. Grundstücke, die sich zur Zeit des Inkrafttretens der Torrensgesetze bereits in privater Hand befanden, unterliegen keinem Buchungszwang, können jedoch freiwillig registriert werden[15]). Der Rechtstitel des Antragstellers wird in einem von der Registerbehörde durchgeführten Aufgebotsverfahren überprüft und das Grundstück geometrisch vermessen[16]). Dann wird ein Grundbuchblatt angelegt, das den gesamten Rechtszustand des Grundstücks, einschließlich der Belastungen, aufzeigt (Realfoliumsprinzip). Buchungsfähig sind nicht nur, wie in England, das fee simple und der term of years, darüber hinaus können auch tenancy in common (Miteigentum) und life estates eingetragen werden. Die Registrierung bekräftigt nicht etwa die bereits bestehende Rechtslage, die Krone verleiht dem Antragsteller vielmehr ein neues, originäres estate, das nur durch die im Prüfungsverfahren festgestellten Belastungen eingeschränkt ist[17]). Rechte Dritter, die nicht eingetragen sind, gelten als verschwiegen[18]). Wichtig ist nun, daß der registrierte Eigentümer ein Doppel des Grundbuchblattes, das sog. Certificate of Title, erhält. Dieses Zertifikat hat eine außerordentlich starke Legitimationswirkung: zur wirksamen Rechtsübertragung ist seine

---

[12]) Vgl. zu Vorstehendem Fox S. 490/491.

[13]) Baalman, zitiert in »Registration of Title in New South Wales« und in »Approach to the Torrens System«, 2 (1956) Sydney L. R. S. 87.

[14]) Ruoff S. 7 Anm. 4 und 5.

[15]) Vgl. N. S. W. §§ 13 Abs. 1, 14; ebenso Alberta, Manitoba und Saskatchewan in Kanada (Bordwell, Registration, S. 137).

[16]) Ruoff S. 34 und 37. Anders als in England wird eine genaue Bodenvermessung durchgeführt (Curtis-Ruoff S. 12).

[17]) Kerr S. 9 und 34.

[18]) Boyd/Mayor of Wellington (1924) N. Z. L. Rep. S. 489 f. (505/506).

Übergabe erforderlich, es begründet ferner vollen Beweis dafür, daß dem Inhaber das eingetragene Recht zusteht[19]). Will der Eigentümer das registrierte estate veräußern, so reicht er Zertifikat und eine Auflassungsurkunde dem Grundbuchamt ein. Das Einreichen des Zertifikats stellt dogmatisch einen Verzicht auf das estate dar, das damit an die Krone zurückfällt. Nach Prüfung der Urkunden[20]) stellt der Grundbuchführer dem Erwerber ein neues Zertifikat aus und vermerkt den Rechtsübergang im Grundbuch. Damit verleiht die Krone dem Erwerber ein neues, originäres estate. Diese typisch lehnsrechtliche Konstruktion von Verzicht und Neuverleihung hat Torrens den mittelalterlichen englischen Charter Rolls- und Copyhold-Buchsystemen entnommen[21]), außerdem sollen ihm die Grundbücher der Hansestädte Hamburg, Lübeck und Bremen[22]) insoweit als Vorbild gedient haben[23]).

Bei konsequenter Durchführung dieser dogmatischen Konstruktion ist das Grundgeschäft, die Einigung, materiellrechtlich bedeutungslos, da allein die Eintragung als staatliche Verleihung konstitutive Kraft hat. Anders als nach dem in Deutschland geltenden materiellen Konsensprinzip ist das Grundbuch niemals unrichtig: die Eintragung bewirkt trotz Nichtigkeit oder Anfechtbarkeit der Auflassung einen endgültigen Rechtsübergang. Man kommt nicht umhin, selbst einem Betrüger das mit der Eintragung erworbene Recht zu belassen und den geprellten Vertragspartner auf einen Ausgleichsanspruch gegen den staatlichen Versicherungsfonds zu verweisen. Dieses mißliche Ergebnis hat den Gesetzgeber rasch bewogen, das bis dahin unangetastete Prinzip der »indefeasibility of title« (Unanfechtbarkeitsprinzip) zu durchbrechen und in bestimmten Fällen eine Grundbuchberichtigung zuzulassen. Eintragungen können nunmehr zugunsten des Geschädigten berichtigt werden, wenn sie durch fraud (Betrug) zustandegekommen sind, ferner bei Parzellenverwechslung und Doppelbuchung[24]). Wie auch in Lehre und Rechtsprechung[25]) anerkannt, gilt jetzt insoweit das materielle Konsensprinzip: »The cardinal principle of the Statute is that the Register is everything and except in a case of actual fraud of the person dealing with the registered proprietor, upon registration of the title under which he takes from the registered proprietor he has an indefeasible title against all the world«[26]). In diesen Fällen ist nun auch ein gutgläubiger Erwerb im Sinne des § 892 BGB möglich: ein Dritter, der vor Grundbuchberichtigung redlich[27]) und entgeltlich[28]) vom Betrüger erwirbt (bona fide

---

[19]) N.S.W. § 40, Q. § 33, S.A. § 80, T. § 33, V. § 67, W.A. § 63; siehe auch Mayman S. 270.

[20]) Entsprechend unserem Legalitätsprinzip (State Reports N.S.W. 1961 S. 374).

[21]) Siehe oben § 7 Anm. 11 und 12.

[22]) Siehe oben § 4 Anm. 25 und Triebel S. 9.

[23]) Kerr S. 8.

[24]) N.S.W. § 124, Q. § 123, T. § 124, V. § 244, W.A. § 199.

[25]) Harrison S. 213.

[26]) Fels/Knowles (1906), 26 N.Z.L. Rep. S. 604 f. (620), gebilligt vom Privy Council in Waimiha/Waione (1926) A.C. S. 101 f. (106).

[27]) Schon grob fahrlässige Unkenntnis macht bösgläubig (Helmore S. 344).

[28]) Der unentgeltliche Erwerber wird entsprechend der consideration-Lehre nicht geschützt (Helmore S. 344).

purchaser for value) erlangt ein unanfechtbares Recht[29]). Die Rechtsprechung hat weitere Ausnahmen vom Unanfechtbarkeitsprinzip geschaffen: Zunächst wurde zwar eine Grundbuchberichtigung abgelehnt, wenn die Nichtigkeit der Auflassung auf anderen als den im Gesetz geregelten Ausnahmetatbeständen beruht[30]). 1891 wurde jedoch in Gibbs/Messer[31]) entschieden, daß im Falle eines gefälschten Deed of Transfer (Auflassungsurkunde) die Berichtigung statthaft ist, sofern nicht Rechte gutgläubiger Dritter entgegenstehen. In Verbindung mit der Entscheidung Assets Co./Mere Roihi[32]) ist Gibbs/Messer der bedeutendste Präzedenzfall des Commonwealth-Grundbuchrechts, dessen mehrdeutige Formulierungen bis heute Anlaß erbitterter juristischer Kontroversen sind[33]).

Zum Teil legen Lehre und Rechtsprechung die Entscheidung restriktiv aus: Gibbs/Messer habe den gesetzlich vorgesehenen Ausnahmetatbeständen Betrug, Parzellenverwechslung und Doppelbuchung lediglich einen weiteren, nämlich Fälschung der Auflassungsurkunde, hinzugefügt. Aus Assets Co./Mere Roihi ergebe sich, daß in allen anderen Fällen, in denen das Grundgeschäft nichtig sei, zum Beispiel wegen Geschäftsunfähigkeit oder fehlender Einigung, nach wie vor das Unanfechtbarkeitsprinzip gelte: der Erwerber erlange mit der Eintragung ein unanfechtbares Recht[34]).

Die Gegner dieser Auffassung leiten aus Gibbs/Messer den allgemeinen Grundsatz ab, daß die Eintragung allein einen Rechtsübergang nicht bewirken könne, hinzukommen müsse eine materiellrechtlich wirksame Einigung. Es sei nicht anzunehmen, daß Gibbs/Messer dies nur für den Fall der Nichtigkeit wegen Fälschung der Auflassungsurkunde ausspreche, denn was für einen Nichtigkeitsgrund gelte, müsse gleichermaßen für alle Nichtigkeitsgründe Rechtens sein. Assets Co./Mere Roihi zeige, daß die Torrensgesetze lediglich zum Schutze des gutgläubigen Dritten die common law-Regel »non dat qui non habet« (nemo plus iuris transferre potest quam ipse habet) durchbrächen, nicht dagegen unwirksame Grundgeschäfte inter partes durch nachträgliche Eintragung heilen wollten[35]). Mit den Worten von Richter Salmond: »The registered title of A cannot pass to B except by the registration against A's title of a valid and operative instrument of transfer. It cannot pass by registration alone without a valid instrument, any more than it can pass by a valid instrument alone without registration«.

---

[29]) N.S.W. § 135, Q. § 126, S.A. § 207, T. § 126, V. § 247, W.A. § 202.

[30]) Vgl. Bailey/Cribb (1884), 2 Q. L. J. S. 42; O'Connor/O'Connor (1887), 9 A.L.T. S. 117.

[31]) Privy Council, 60 (1891) L. J. Rep. S. 117.

[32]) Privy Council, 74 (1905) L. J. Rep. S. 49.

[33]) Baalman S. 90/91; Harrison S. 219.

[34]) So Baalman S. 91; Mehrheit in Boyd/Mayor of Wellington, (1924) N.Z.L.Rep. S. 489 f.; Martin, J., in Percy/Youngman, (1941) V.L.R. S. 275; wohl auch Privy Council in Creelman/Hudson Bay, (1919) 88 L. J. Rep. S. 197.

[35]) So Harrison S. 223; Salmond und Stringer, JJ., in Boyd/Mayor of Wellington (Anm. 18) S. 500–512; Dixon, J., in Clements/Ellis (1934) 51 C. L. Rep. S. 217; Philip, J., in Coras/Webb (1942) und Harding, J., in Gilbert/Bourne (beide zitiert bei Harrison S. 224); Owen, J., und Roper, C. J., in Caldwell/Rural Bank (N.S.W., 1953) (zitiert bei Baalman, S. 91).

Das materielle Konsensprinzip ist damit uneingeschränkt anerkannt. Obwohl die Mehrheit der Gerichte dieser Auffassung folgt[36]), kann sie noch nicht als geltendes Recht angesehen werden, denn eine verbindliche Entscheidung des Privy Council darüber, ob den Torrensgesetzen das Unanfechtbarkeits- oder das materielle Konsensprinzip zugrundeliegt, steht noch aus.

Immerhin läßt sich feststellen, daß Sir Robert Torrens' ursprüngliche Konzeption eines unanfechtbaren Titels, der von der Krone verliehen wird und von jeglicher Parteivereinbarung unabhängig ist, im Laufe der Zeit weitgehend modifiziert wurde. Auch andere Torrensprinzipien wurden abgeändert. So ist die Kontratabularersitzung nur noch in Neu-Süd Wales und Queensland ausgeschlossen[37]), in den übrigen Bundesstaaten dagegen wieder zugelassen[38]). Entgegen Torrens' erklärter Absicht, nur eingetragenen Rechten Wirksamkeit zu verleihen, können heute auch gewisse Rechte ohne Registrierung außerhalb des Grundbuchs selbst gegenüber gutgläubigen Dritten bestehen. Hierzu zählen Dienstbarkeiten, kurze Mietverträge und einige öffentlichrechtliche Lasten[39]). Die Eintragung von equity-Rechten, insbesondere trusts, ist zwar im Interesse eines freien Grundstücksverkehrs verboten[40]), im Ergebnis genießen sie jedoch in den meisten Staaten vollen Schutz durch das sog. Caveat-System: ein cestui que trust kann ein Caveat, eine »Warnung«, eintragen lassen. Der Grundbuchführer ist dann verpflichtet, dem cestui jede beabsichtigte Verfügung, die dessen equity beeinträchtigen könnte, mitzuteilen. Binnen einer Ausschlußfrist von zwei Wochen hat der cestui dann Gelegenheit, sein Recht gerichtlich schützen zu lassen, etwa durch ein Erwerbsverbot; nach Fristablauf erlischt das Caveat, die Verfügung kann eingetragen werden[41]).

Der Entschädigungsfonds, der nicht nur aus dogmatischen Erwägungen, sondern vor allem zwecks Förderung der freiwilligen Buchungen geschaffen wurde, wird fast nie in Anspruch genommen. In Neu-Süd Wales ist er sogar aufgelöst; in Süd-Australien werden keine Beiträge mehr erhoben, denn aus dem Fonds, der austr. £ 300 000 beträgt, wurden seit 1900 nur £ 20 ausgezahlt. Der Fonds des Staates Victoria beläuft sich auf £ 150 000, er wurde bisher in 93 Fällen in Höhe von insgesamt £ 12 315 in Anspruch genommen[42]).

Sir Robert Torrens ist es zunächst gelungen, durch außerordentlich vereinfachte Formvorschriften das Monopol zu brechen, das die ihm verhaßte Anwaltschaft in Grundstücksgeschäften ausübte. Im 19. Jahrhundert war es tatsächlich noch möglich, eine Auflassung oder Hypothekenbestellung ohne Mitwirkung eines Anwalts innerhalb einer viertel Stunde abzuwickeln: die Parteien füllten ein kurzes, in jedem Papiergeschäft erhältliches Formular aus und

---

36) Harrison S. 224.
37) N. S. W. § 45; Ruoff S. 23; so auch in Deutschland § 927 Abs. 1 S. 3 BGB.
38) In Tasmanien seit 1932 (T. § 146); in Süd-Australien seit 1945 (Dowson-Sheppard S. 131); siehe auch V. §§ 60–62.
39) Siehe Harrison S. 213 und Ruoff S. 18 f.
40) Siehe oben § 11 Anm. 67.
41) Vgl. N. S. W. §§ 72–74; siehe auch Helmore S. 322; Harrison S. 209/210 und Baalman S. 169.
42) Helmore S. 345 Anm. 88; Ruoff S. 33.

reichten es, zusammen mit dem Titelzertifikat, dem Grundbuchamt ein[43]). Dank der starken Legitimationswirkung des Zertifikats und dank der vereinfachten Formvorschriften waren Grundstücke ebenso umlauffähig wie unsere Briefhypotheken. Die Auffassung Boden = flüssige Ware ist hier sehr ausgeprägt, Torrens hat mehrfach die Titelzertifikate mit staatlich abgestempeltem Geld verglichen[44]). Diese Kommerzialisierung von Grund und Boden ist durchaus verständlich, denn angesichts des damaligen ausgedehnten Neulandreservoirs der Kolonien stellten Grundstücke keine ideellen Werte dar; man betrachtete sie nicht als dauerhaften Besitz, sondern als Handelsware, wie Getreide und Holz[45]).

Im modernen, gesteigerten Grundstücksverkehr hat sich die formlose Laienabwicklung jedoch als impraktikabel erwiesen. Heute sind die australischen Grundbuchämter überlastet, es müssen lange Wartezeiten in Kauf genommen werden und fachkundige anwaltliche Beratung ist im Interesse der Rechtssicherheit unentbehrlich geworden.

Auch in dieser Hinsicht hat das Torrenssystem mithin ein Charakteristikum eingebüßt, das es früher von anderen, förmlicher ausgestalteten Grundbuchsystemen deutlich abhob. Obwohl die freiwilligen Buchungen im bedeutendsten Bundesstaat Neu-Süd Wales seit einigen Jahrzehnten zurückgehen[46]), ist das Grundbuchsystem dank Erweiterung des Buchungszwangs doch im Begriff, die Deeds Registration zu verdrängen. In Queensland und West-Australien ist bereits das meiste Land erfaßt, Neuseeland, Süd-Australien und Victoria haben 1924, 1945 und 1954 die Zwangsregistrierung aller noch ungebuchten Grundstücke eingeleitet[47]), Tasmanien plant ein derartiges Gesetz[48]).

---

43) Fox S. 492.
44) Hedemann, 2. Hälfte, S. 118.
45) FitzGerald S. 106.
46) Helmore S. 315; Dowson-Sheppard S. 103.
47) Dowson-Sheppard S. 103.
48) Leyser S. 546.

V. USA

1. Deeds Registration

a) Dogmatische Entwicklung

§ 15

aa) Frühe Geschichte

Anders als in England, dessen Deedsregister (Bedford Level, Yorkshire und Middlesex) nur lokale Bedeutung hatten, stellt das Registersystem in allen Bundesstaaten und Besitzungen der USA einen organisch gewachsenen, festen Bestandteil des Liegenschaftsrechts dar. Bereits im frühen 17. Jahrhundert gab es in den Einwanderersiedlungen der amerikanischen Ostküste Grundstücksregister. Zunächst im allgemeinen als bloße Beweisregister ausgestaltet[1]), wurden sie bald in Transkriptionsregister umgewandelt. So finden sich schon im Registergesetz der Kolonie Massachusetts vom 7. 10. 1640 jene 4 Prinzipien, die allen modernen u.s.-amerikanischen Deedsregistergesetzen zugrundeliegen:

1. Nur öffentlich beglaubigte Urkunden sind eintragungsfähig.
2. Die Urkunde wird vollinhaltlich, nicht nur auszugsweise, registriert.
3. Inter partes erfolgt der Rechtserwerb ohne Eintragung.
4. Die Eintragung hat nur beweis- und vorrangbegründende Funktion[2]).

Dieses Kolonialgesetz – es ist eine der Grundlagen des heutigen u.s.-amerikanischen Registerrechts – konnte ohne Schwierigkeiten verabschiedet und durchgeführt werden, da es – anders als im englischen Mutterland – keine publizitätsfeindlichen Interessentengruppen unter den Einwanderern gab[3]). Sie entstammten überwiegend einfachen Kreisen, die im Mutterland zum Teil Leibeigene gewesen waren und denen daher das Copyhold-Buchsystem geläufig war. So empfand man es als selbstverständlich, auch für das neuerworbene Land in den Kolonien Register einzurichten. In Verbindung mit Statutes of Fraud – Gesetze, die Schriftform für alle Grundstückskaufverträge und -verfügungen vorschreiben[4]) – bezweckten die Registergesetze zweierlei: Angesichts der zahlreichen Einwanderer sollte die Publizierung aller Grundstücksgeschäfte eine gewisse staatliche Kontrolle des Grundstücksmarktes ermöglichen. Außerdem sollten betrügerische Grundstücksgeschäfte erschwert und so dem Käufer mehr Sicherheit als bisher gewährt werden[5]). Vorbilder des Massachusetts-Gesetzes waren neben dem Copyhold-Buchsystem der recovery and fine-Scheinprozeß und das damalige holländische Transkriptionsregister,

---

[1]) So die Register der Stadt Plymouth (1627) und der Kolonie Virginia (1626, 1640) (Haskins S. 283/284); ebenso das New Yorker Register von 1710 (Philbrick S. 146).
[2]) Haskins S. 282; Beale S. 335.
[3]) Siehe oben § 7 am Ende.
[4]) Dem englischen Statute of Frauds (oben § 7 Anm. 13) nachgebildet.
[5]) Haskins S. 286, 299; Beale S. 336; Philbrick S. 266, 300.

das die ersten Einwanderer, die »Pilgerväter«, während ihres Aufenthalts in Leyden kennengelernt hatten[6]).

Weitere Grundlage des heutigen u.s.-amerikanischen Registerrechts ist das Deedsregistergesetz der Kolonie Pennsylvanien aus dem Jahre 1715, das dogmatisch dem englischen Statute of Enrolments nachgebildet war[7]). 1775 wurde jedoch das reine Eintragungsprinzip, das in diesem verhältnismäßig fortschrittlichen Gesetz bereits durchgeführt war, unter dem Einfluß der englischen Yorkshire und Middlesex-Transkriptionsgesetze durch das übliche, beschränkte Eintragungsprinzip (Rechtsübergang inter partes ohne Eintragung) ersetzt. Die damaligen Registergesetze von Maryland, New Jersey und New York folgten ebenfalls dem englischen Vorbild[8]). Damit war das pennsylvanische Gesetz dogmatisch dem Massachusetts-Gesetz angeglichen: fortan sollte die Rechtsentwicklung in den meisten Bundesstaaten der USA einheitlich verlaufen.

Der Zweck der Registergesetze – staatliche Kontrolle des Grundstücksmarktes und Käuferschutz – war jedoch nur zu erreichen, wenn die Grundstückstitelgeschichte lückenlos im Register verfolgt werden konnte. Das wiederum setzte voraus, daß alle Grundstücksverfügungen auch tatsächlich registriert wurden. Da nur das pennsylvanische Gesetz von 1715 unmittelbaren Eintragungszwang vorsah, im übrigen jedoch die Verfügung inter partes auch ohne Registrierung wirksam war, kam es darauf an, die freiwillige Eintragung des Rechtserwerbs herbeizuführen. Das Massachusetts-Gesetz von 1640 und andere ältere Registergesetze lösten das Problem zufriedenstellend. Sie sahen vor, daß der nichteingetragene Erwerber sein Recht an einen Dritten, zu dessen Gunsten noch einmal verfügt worden war, wieder verlor, sofern sich der Dritte eintragen ließ. Guter Glaube des Dritten war unerheblich: es war ein »race to the record«, wer zuerst registrierte, hatte ein sicheres, unanfechtbares Recht erlangt[9]). Es versteht sich, daß dieser drohende Rechtsverlust jeden Erwerber zur baldigen Eintragung anhielt.

Im Laufe der Zeit wurde jedoch die Priorität des Dritten vor früheren, nichtregistrierten Verfügungen an weitere Voraussetzungen geknüft, die eine allmähliche Aushöhlung des mittelbaren Eintragungszwangs zur Folge hatten.

Zunächst verlangte die Rechtsprechung, daß der Erwerb des Dritten entgeltlich sein müsse. Dieses Erfordernis wurde wahrscheinlich dem Statute of Enrolments entnommen, das ausschließlich auf »bargain and sale«-Verträge (die immer Zahlung einer »valuable consideration« als Gegenleistung vorsahen) anwendbar war[10]).

Ungleich wichtiger war die weitere Qualifizierung, daß der Dritte gutgläubig sein müsse. Es erschien unbillig, auch dem schlechtgläubigen Dritten, der die entgegenstehende, nichtregistrierte Verfügung kannte, den Schutz der Registergesetze zu gewähren. Die praktische Anwendung dieses prinzipiell

---

6) Haskins S. 289, 293/294, 298; Beale S. 339.
7) Philbrick S. 140; zum Statute of Enrolments siehe oben § 7 Anm. 20.
8) Powell § 914 S. 277.
9) Philbrick S. 129, 150.
10) Philbrick S. 129, 142.

richtigen Gedankens führte zu erheblichen Schwierigkeiten, da in Lehre und Rechtsprechung wenig Klarheit über dogmatische Ausgestaltung und Umfang des Gutglaubensschutzes besteht. So berufen sich manche Gerichte[11]) auf die Estoppel-Doktrin, eine Beweisregel, die einer Prozeßpartei das Vorbringen bestimmter Ansprüche oder Einwendungen untersagt, falls deren Geltendmachung mit ihrem früheren Verhalten in Widerspruch steht. Bezogen auf die Registergesetze heißt es in der Entscheidung Boynton/Haggart[11]): »... Die Deedsregistergesetze sind Kodifizierungen der Estoppel-Doktrin. Sie beruhen auf dem Billigkeitsgrundsatz, daß derjenige, der seinen Rechtstitel bewußt verschweigt, indem er ihn nicht registrieren läßt, sich gegenüber einem Dritten nicht auf diesen Titel berufen kann, falls jener im Vertrauen auf das Schweigen des Registers gehandelt hat«.

Andere ziehen eine besondere Ausgestaltung der sog. Lickbarrow-Rule heran[12]): »Wo eine von zwei unschuldigen Personen (nichteingetragener Erstkäufer – gutgläubiger Zweitkäufer) durch die arglistige Täuschung (fraud) eines Dritten (Veräußerer) Schaden erleiden muß, hat derjenige der beiden den Schaden zu tragen, der es dem Dritten ermöglicht hat, den Schaden zu stiften (= nichteingetragener Erstkäufer)«[13]).

Aber weder Estoppel-Doktrin noch Lickbarrow-Rule haben sich als Abgrenzungskriterium durchgesetzt. Im Anschluß an den berühmten englischen Präzedenzfall Le Neve/Le Neve[14]) stützt sich die amerikanische Rechtsprechung vielmehr durchweg auf die von der englischen equity-Gerichtsbarkeit im 16. Jahrhundert entwickelte Doctrine of Notice. Diese Doktrin durchbrach erstmalig den bisher im englischen Liegenschaftsrecht nach römisch-rechtlichem Vorbild uneingeschränkt geltenden Satz: »No one can transfer a better title than he possesses himself«[15]). Sie bestimmt, daß das dingliche equity-Recht des Treuhandbegünstigten (cestui que trust) gegenüber einem Käufer erlischt, der das legal estate in Unkenntnis des Treuhandverhältnisses vom Treuhänder (trustee) erwirbt: die equity bleibt nur bei Bösgläubigkeit (notice) des Erwerbers bestehen[16]).

Die Doctrine of Notice wurde in Le Neve/Le Neve[14]) zur Auslegung des Middlesex-Deedsregistergesetzes herangezogen.

§ 16

bb) Einfluß der Doctrine of Notice

Wäre die amerikanische Rechtsprechung der frühen englischen restriktiven Auslegung der Doktrin gefolgt – nur bei positiver Kenntnis früherer, ent-

---

11) Boynton/Haggart (120 Fed. 819) (1903); Youngblood/Vastine (46 Mo. 239), zitiert bei Aigler S. 407.

12) Benannt nach der englischen Entscheidung Lickbarrow/Mason (1787) 100 E. Rep. 35, 39.

13) So in Smith's Heirs/Branch Bank of Mobile (21 Ala. 125) angeführt bei Aigler S. 407/408.

gegenstehender Verfügungen seines Veräußerers erwirbt der Dritte nicht – dann hätte sie zu einer sinnvollen und befriedigenden Auslegung der Registergesetze beitragen können. Verschwommene Vorstellungen vom Wesen der equity-Rechtsprechung und vor allem der Einfluß des common law, das einen Gutglaubenserwerb von Liegenschaften nicht kennt[17]), führten jedoch in den USA zu einer extensiven Auslegung der Doctrine of Notice, die den Sinn der Registergesetze, Publizität aller Grundstücksrechte zu schaffen, weitgehend verwässerte. Die Rechtsprechung hielt bald grobfahrlässige Unkenntnis und heute sogar leichtfahrlässige Unkenntnis des Dritten für ausreichend, ihm den Schutz der Registergesetze zu versagen[18]). Dadurch wurde das ursprüngliche Bestreben dieser Gesetze, durch weitgehenden Schutz des Dritten einen mittelbaren Eintragungszwang auf den Erstkäufer auszuüben, in sein Gegenteil verkehrt: nach heutiger ständiger Rechtsprechung schützen die Registergesetze die common law Priorität des nichteingetragenen Erstkäufers gegenüber dem bösgläubigen Dritten. Durch diese Akzentverschiebung[19]) wurde der mittelbare Eintragungszwang stark abgeschwächt. Heute verzichtet der Erwerber eines Grundstücksrechts häufig auf Registrierung, weil er weiß, daß sein Recht angesichts der ihm wohlgesonnenen Rechtsprechung und angesichts der scharfen Anforderungen, die dieselbe Rechtsprechung an den Gutglaubensgrad dritter Erwerber stellt, kaum gefährdet ist[20]). Fehlende Eintragungen, Lücken in der Titelgeschichte des Grundstücks, die den Wert des Registers in Frage stellen, sind die unausweichlichen Folgen. Vergeblich haben einzelne Autoren und Richter davor gewarnt, die Registergesetze als bloße Ergänzung der Doctrine of Notice anzusehen (Richter Jones: »The symmetry of the registry system has been disturbed and broken into«)[21]). Die Rechtsprechung fast aller Bundesstaaten folgt vielmehr dem angesehenen equity-Rechtslehrer Pomeroy, der diese »registerfeindliche« Auffassung mit Nachdruck vertritt[22]).

Nur Nord-Karolina hat am strengen Eintragungsprinzip für alle Grundstücksverfügungen festgehalten[23]). In Arkansas gilt dieses Prinzip für Hypotheken[24]), während die Transkriptionsregister Louisianas französischem Vorbild folgen und das beschränkte Eintragungsprinzip objektiv ohne Rücksicht auf Gutgläubigkeit des Dritten durchführen[25]). In den übrigen Staaten muß

---

14) 1 Amb. S. 436, White & Tudor II S. 157 (Chancery 1747), zitiert bei Hargreaves S. 199.

15) Aigler S. 405; Cribbet S. 74.

16) Dogmatisch handelt es sich um einen lastenfreien Erwerb i. S. § 936 BGB. Wegen der erstmaligen Anerkennung eines echten Erwerbs vom Nichtberechtigten i. S. § 932 BGB siehe oben Text zu § 8 Anm. 35.

17) Philbrick S. 142.

18) Philbrick S. 265.

19) Die im Laufe des 16. Jahrhunderts in die Registergesetze von 44 Bundesstaaten übernommen wurde (Philbrick S. 129).

20) Philbrick S. 131, 140.

21) Zitiert bei Philbrick S. 269.

22) Pomeroy, Bd. II § 665; Philbrick S. 259, 267; siehe auch Cribbet S. 666.

23) North Carolina General Statutes (1955) § 47–18.

24) Haney/Johnson 200 S. W. 788 (1918).

25) Oben § 3 Anm. 16, siehe Louisiana Civil Code Ann. (West, 1952) Art. 2266.

der Dritte entweder gutgläubig (without notice) sein, um zu erwerben (sog. pure notice jurisdiction) oder gutgläubig sein und als erster registrieren (sog. notice-race jurisdiction)[26].

Die Unsicherheit, die durch den Einbruch der Doctrine of Notice in das amerikanische Registersystem geschaffen wurde, hat zu einer Fülle dogmatisch außerordentlich interessanter Streitfragen geführt. Drei besonders aufschlußreiche Probleme seien im folgenden kurz erörtert:

1. In 26 Bundesstaaten gilt ein Deed als registriert, wenn er dem Registerführer zur Eintragung eingereicht (filed) ist. Es vergeht aber oft erhebliche Zeit zwischen Einreichen und tatsächlicher Registrierung – während dieses Zeitraumes können Dritte die betreffende Verfügung nicht finden. Dennoch fingiert die Rechtsprechung dieser Staaten Bösgläubigkeit des Dritten, da die Registrierung mit Einreichung des Deeds als erfolgt gelte. Unbeachtet bleibt, daß es dem Dritten unmöglich ist, die eingereichte Urkunde im Register zu entdecken[27].

2. Wesentlichstes Merkmal des Transkriptionssystems ist es, daß die Eintragung nur vorrangbegründende Kraft hat, der Rechtsübergang sich dagegen außerhalb des Registers vollzieht. Folglich kann Käufer A, der von B ein estate erwerben will, dessen Berechtigung nicht aus dessen Registereintragung herleiten. Diese besagt lediglich, daß an einem bestimmten Datum ein Deed an B registriert worden ist, sagt aber nichts über dessen materiellrechtliche Wirksamkeit. A muß daher B's Rechtsvorgänger C im Register suchen, dann dessen Rechtsvorgänger D und weiter zurück, bis er die »root of title«, den Ursprung des Titels, gefunden hat – meist eine 1-200 Jahre alte Verleihungsurkunde der USA, in den Oststaaten bisweilen ein 2-300 Jahre altes Patent der britischen Krone. Er hat dann die »chain of title«, die Titelkette, zusammengestellt, aus der sich das Verfügungsrecht seines Veräußerers ableiten läßt[28]. Da die Registereintragungen nicht nach Grundstücken geordnet sind (Realfolium), sondern chronologisch erfolgen, ist die Überprüfung der Titelgeschichte eines Grundstücks in den umfangreichen Registerbänden nur mit Hilfe eines gut geführten Index möglich. Durchweg wird ein sog. grantor-grantee index benutzt: ein Personenverzeichnis, das in alphabetischer Reihenfolge die Namen aller im Register eingetragenen Veräußerer (grantor) und Erwerber (grantee) enthält und auf die Fundstellen ihrer Deeds verweist. Im obigen Beispiel wird unter C's Namen im grantee-index auf den Deed D-C, im grantor-index auf den Deed C-B verwiesen. Da indes bei Erlaß der Registergesetze ein Index noch unnötig war – denn die Register waren damals noch überschaubar – erkennt die Mehrheit der Gerichte den Index nicht als Bestandteil des Registers an. Hat folglich A's Veräußerer B eine entgegenstehende Verfügung vorgenommen, die zwar im Register, aber infolge eines Versehens des Registerführers nicht im Index eingetragen ist – was häufig vorkommt – so wird auf Grund der zwar nicht auffindbaren, aber immerhin doch vorhandenen Eintragung Bösgläubigkeit des Käufers A unterstellt (construc-

---

[26]) Cribbet S. 690; Cross S. 796.
[27]) Vgl. Thompson § 4352; Cross S. 790.
[28]) Payne, Crisis, S. 216; Cross S. 788/789.

tive notice). A erwirbt daher nichts[29]). Geschützt ist A nur in den wenigen Staaten, die entweder den grantor-grantee index als Registerbestandteil anerkennen[30]) oder einen nach Grundstücken geordneten tract-index (Realfoliumsprinzip) führen[31]).

Selbst bei lückenloser Indexierung kann A mit Hilfe des grantor-grantee Verzeichnisses nur solche entgegenstehenden Verfügungen im Register finden, die innerhalb der chain of title vorgenommen wurden. Ein Teil der amerikanischen Rechtsprechung unterstellt jedoch Bösgläubigkeit auch für den Fall, daß sich die entgegenstehende Verfügung außerhalb der Titelkette befindet[32]) – Bösgläubigkeit wird sogar hinsichtlich solcher Verfügungen angenommen, die in Titelketten fremder Grundstücke registriert sind[33]).

3. Schließlich ist im amerikanischen Recht der Sachbesitz für die Frage des Erwerberschutzes von entscheidender Bedeutung. Denn nach einhelliger Rechtsprechung steht die tatsächliche Besitzausübung (adverse possession) der Registrierung gleich: hat der nichteingetragene Erstkäufer X unmittelbaren Grundstücksbesitz, so wird Bösgläubigkeit des Zweitkäufers A unterstellt[34]). Jeder Erwerber eines Grundstücksrechts muß folglich vor Vertragsschluß die Besitzverhältnisse am Grundstück überprüfen. Ein Blick in die Rechtsprechungsstatistik zeigt, daß diese Obliegenheit in der Praxis auf erhebliche Schwierigkeiten stößt. Denn bei Prozessen, die aus den oben erörterten Doctrine of Notice-Problemen herrühren, ist diese Fallgestaltung vorherrschend[35]). Rawle[36]) warnt vor der daraus resultierenden Schwächung des mittelbaren Eintragungszwangs: »... it may be suggested that when the protection of the registry acts is thus made to yield to the notice afforded by possession, uncertainty of title must necessarily result«.

§ 17

cc) Gutglaubenserwerb

Vorstehende Darstellung hat die Schwierigkeiten deutlich werden lassen, die dem Erwerber eines Grundstücksrechts aus der Doctrine of Notice erwachsen

---

29) The Tract and Grantor-Grantee Indices S. 481/482; Cross S. 790.

30) Iowa (Parry/Reinertson 224 N.W. 489 [1929]); Nord-Karolina (Johnson Cotton Co./Hobgood 90 S.E. [2 d] 541 [1955]); Wisconsin (Statutes § 59. 52 [1959]).

31) Der tract-index sammelt die Fundstellen aller ein Grundstück betreffenden Deeds – gleich ob innerhalb oder außerhalb der Titelkette – auf einem Indexblatt. Tract-Verzeichnisse gibt es in New York City (Nelson S. 627), Nebraska, Nord-Dakota, Süd-Dakota, Utah, Washington und Wyoming (Quellen siehe Anm. 29).

32) Vgl. die führenden Entscheidungen Tefft/Munson 57 N.Y. 97 (1875); Ayer/Philadelphia (Mass.) 34 N.E. 177 (1893); Woods/Garnett (Miss.) 16 So. 390 (1894); Fallass/Pierce (Wisc. 1872), angeführt bei Philbrick S. 462, 464, 472. Weitere Entscheidungen und Zusammenstellungen bei Cross S. 796 und Philbrick S. 416 Anm. 456–457.

33) Vgl. Finley/Glenn (Pa.) 154 Atl. 299 (1931).

34) Building Ass'n/Warren (Ark.) 141 S.W. 765 (1911); Morse/Seibold (Ill.) 35 N.E. 369 (1893); Shaughnessy/Leary (Mass.) 38 N.E. 197 (1894).

35) Philbrick S. 272.

können. Aber selbst wenn Käufer A in mühsamer Arbeit eine ununterbrochene, fehlerfreie Titelkette ermittelt hat, die bis auf die Verleihurkunde der Vereinigten Staaten zurückgeht, so ist er noch immer nicht sicher, das gekaufte estate tatsächlich zu erlangen. Er muß nämlich damit rechnen, daß irgendeine der in der Titelkette registrierten Auflassungen materiellrechtlich nichtig oder anfechtbar ist, etwa wegen arglistiger Täuschung, Fälschung, Irrtums oder Geschäftsunfähigkeit der Parteien. Ist folglich eine äußerlich gültige Auflassung von C an B eingetragen, die aber wegen Geisteskrankheit des C nichtig ist, so bleibt C Rechtsinhaber. Weder B, noch dessen Rechtsnachfolger A erwerben etwas, denn in diesem praktisch wichtigsten Fall ist A's guter Glaube ungeschützt. Das Risiko der Titelrechtsbeständigkeit trägt der Käufer: die Gerichte wenden hier ausnahmslos die »caveat emptor«-Doktrin an[37]), die in der Rechtslehre als »the most conspicuous landmark in the outlines of the law of property« oder auch, kritischer, als »barbarous principle« bezeichnet wird[38]). Mit welchen Gefahren selbst der juristisch unkomplizierteste Grundstückskauf dank »caveat emptor« verbunden ist, zeigt die folgende Aufstellung der wichtigsten, aus der Registereintragung nicht ersichtlichen Titelmängel:

Außer den bereits genannten Nichtigkeits- bzw. Anfechtungsgründen (arglistige Täuschung, Fälschung, Irrtum, Geschäftsunfähigkeit) gehören hierzu: fehlende Übergabe (delivery) des registrierten Deeds, nichtige Auflassungsvollmacht, beschränkte Geschäftsfähigkeit des Verkäufers, Falscheintragung, ultra-vires Handeln einer Gesellschaft, Personenverwechselung, falsche Personenstandsangaben im Deed (ledig oder geschieden statt verheiratet; angesichts der Rechte der Ehefrau am Mannesvermögen sind diese Angaben wichtig), ungültiges Testament, nichtiges Treuhandverhältnis, nichteingetragene Bauhandwerkerhypotheken (mechanic's liens), frühere entgegenstehende nichteingetragene Landverleihungsurkunde, falsche Grenzbezeichnungen etc.[39]).

Das Deedsregistersystem kennt eben einen Gutglaubensschutz nur bei der Vorrangfrage zweier sich widersprechender, gültiger Verfügungen[40]), und der Schutz, den der Gesetzgeber hier dem gutgläubigen Dritten gewähren wollte, ist angesichts der sehr scharfen Anforderungen der Rechtsprechung ziemlich wirkungslos.

Zum Abschluß dieser dogmatischen Erörterungen seien die Prüfungspflichten chronologisch zusammengefaßt, die dem amerikanischen Grundstückskäufer obliegen:

1. Suche nach dem Titelursprung durch Zusammenstellung der Titelkette an Hand der Registereintragungen (Verfolgung regelmäßig bis zur Verleihurkunde, mindestens jedoch 60 Jahre zurück)[41]).
2. Prüfung, ob alle in der Titelkette befindlichen Personen das betreffende

---

[36]) amerikanischer Sachenrechtler, zitiert bei Philbrick S. 269.

[37]) Enhancing the Marketability of Land, 68 (1959) Yale L. J. S. 1245 f. (1246 Anm. 9) (im folgenden zitiert als »68 Yale L. J.«).

[38]) Mc Dougal, Brabner-Smith S. 1129.

[39]) Siehe Patton, Registration, S. 534 und Mc Dougal, Brabner-Smith, S. 1128; Zusammenstellung entsprechender Entscheidungen bei Goth S. 238 Anm. 15–26.

[40]) Vgl. statt aller Payne S. 3 und Stone/French (Kansas) 14 Pac. 530 (1887).

[41]) Payne, Crisis, S. 216.

Grundstücksrecht an den Verkäufer bzw. einen seiner Rechtsvorgänger übertragen haben.

3. Prüfung, ob Personen außerhalb der Titelkette in der Lage sind, entgegenstehende Rechte geltend zu machen.

Die Erfolgsaussichten dieses Arbeitsprozesses, der nur zu einem geringen Teil mit Hilfe des Registers bewältigt werden kann, seien an Hand eines blumigen Vergleichs Prof. Rood's[42]) verdeutlicht: »The fact is, that the path of the searcher for a safe title to land is beset by more traps, sirens, harpies and temptations, than ever plagued the wandering Ulysses, the faithful Pilgrim, or the investor in gilt-edged securities«.

§ 18

b) Technischer Apparat

Zu den dogmatischen Mängeln des Systems gesellt sich der völlig unzulängliche technische Apparat. Da ältere Eintragungen zwecks Erhaltung der Titelkette nicht gelöscht werden können, nehmen die Register Jahr für Jahr an Umfang zu. Bedingt durch die rasche Bevölkerungszunahme und das Anwachsen der Städte war die Zuwachsrate insbesondere in den letzten 100 Jahren unverhältnismäßig hoch. So genügten für die Eintragungen im Bostoner Registeramt in den Jahren 1650-1700 19 Bände, im Jahre 1800 gab es 193 Bände, 1850: 606, 1875: 1250 und im Jahre 1900 2656 Bände mit je 640 Seiten. Einen ähnlichen Zuwachs hat jede größere Stadt zu verzeichnen[43]). Im Jahre 1954 wurden in Cook County (Chicago), Illinois, insgesamt 300 000 Deeds, in Los Angeles County, Kalifornien, sogar 900 000 Deeds registriert[44]). Diese Papierflut kann nur mit Hilfe eines gut geführten Index überschaubar bleiben, der jedoch, wie schon ausgeführt, in den meisten Staaten in Form des gantor-grantee Index veraltet und unbrauchbar ist. Hinzu kommt, daß die relevanten Eintragungen in der Regel weder in einem einzigen Register noch in einem Index zusammengefaßt sind. Sie finden sich vielmehr in vielen Büchern verstreut, die von verschiedenen Behörden geführt werden[45]). Cushman[46]) berichtet von dem abschreckenden Beispiel einer Gemeinde, in der allein steuerliche Informationen in 14 verschiedenen Registern gesammelt werden. Im Staate Idaho ist für die verschiedenen Rechtsgeschäftstypen ein Sonderindex eingerichtet. Die insgesamt 24 Verzeichnisse, die dort jede Gemeinde zu führen hat, sind u. a. für Grundstücksveräußerer, -erwerber, Hypothekare, Hypothekenzedenten, Zessionare und Vermieter bestimmt[47]). Modernisierungsbestrebungen – Abkürzung der früher umfangreichen Deeds,

---

[42]) S. 388.
[43]) Viele S. 422.
[44]) Johnstone S. 507.
[45]) Goth S. 236; Payne, Crisis, S. 216; 68 Yale L. J. S. 1247. Nur im Staate Colorado sind alle Eintragungen in einem Band zusammengefaßt (Simes S. XXI).
[46]) S. 611.
[47]) Idaho Code § 31–2404 (1948); Cribbet S. 666.

Einführung von Mikrofilm und Photokopie, Automatisierung[48]) – halten sich in bescheidenen Grenzen, da die traditionelle Sparsamkeit des Amerikaners in der Bewilligung öffentlicher Gelder für Gemeindezwecke kostspielige Erweiterungen und Neuerungen nicht zuläßt[49]). Powell und Bordwell[50]) machen schließlich den Ausbildungsstand der meisten amerikanischen Registerbeamten für die beklagenswerte Rückständigkeit des Systems verantwortlich, die als kurzfristig amtierende politische Wahlbeamte in der Regel fachlich unqualifiziert seien.

---

48) Vgl. Computer Storage of Title Records, 47 (1961/1962) Iowa L.R. S. 382 f. (383 Anm. 1).
49) Viele S. 423.
50) Zitiert bei McDougal, Brabner-Smith S. 1132; Bordwell, Resurrection, S. 479.

§ 19

2. Titelschutz

Gesetzgeber und Privatwirtschaft haben verschiedene Hilfsmaßnahmen ersonnen, um dem drohenden Zusammenbruch des anachronistischen Registersystems entgegenzuwirken. Diese Maßnahmen, die am treffendsten unter dem Oberbegriff »Titelschutz« zusammengefaßt werden, gehören zwar systematisch nicht zum eigentlichen Registerrecht. Als unentbehrliche Ergänzung jenes Rechtsgebiets ist ihre Erörterung hier dennoch erforderlich. Jeder Versuch, das Registerrecht isoliert darzustellen, würde ein falsches Bild vermitteln.

Ziel des Titelschutzes ist es, dem Grundstücksmarkt ausreichende Sicherheit zu gewähren. Maßstab ist dabei der von der Rechtsprechung entwickelte Begriff des »marketable title«, des umlauffähigen, veräußerungsfähigen Titels, d. h. »... a title not neccessarily perfect, or even good, in the law sense, but so free from all fair and reasonable doubts that a court of equity would compel a purchaser to accept it in a suit for specific performance«[1]).

Der Titelschutz läßt sich in zwei Hauptgruppen einteilen: gesetzgeberische Maßnahmen und der ungleich bedeutsamere kommerzielle Titelschutz, der insbesondere in den Händen von Anwaltsvereinen und Versicherungsgesellschaften liegt.

a) Gesetze

Sie werden unterteilt in:
aa) Curative Statutes
bb) Statutes of Limitation
cc) Marketable Title Acts
dd) Quieting Title Acts
und verfolgen übereinstimmend den Zweck, durch Eliminierung älterer, veräußerungshindernder Rechte die Titelprüffristen abzukürzen[2]).

§ 20

aa) Curative Statutes

Curative oder Validating Statutes heilen Formmängel in Verfügungsurkunden (Deeds of Conveyance) um so älteren, wegen Verstoßes gegen Formvorschriften nichtigen Verfügungen nachträglich zur Wirksamkeit zu verhelfen[3]). Der praktische Wert dieser Gesetze ist groß, da selbst geübte Anwälte regelmäßig gegen die zahllosen Formvorschriften des amerikanischen Liegenschafts- und Registerrechts verstoßen. Besonders zu nennen sind in diesem Zusammenhang fehlerhaft abgefaßte und ungesiegelte Deeds sowie Verstöße gegen Zeugnis- und Beglaubigungsvorschriften[4]). Nach der marke-

---

[1]) Nelson S. 650.
[2]) Payne, Crisis, S. 225.
[3]) 16 A C. J. S. § 421 (S. 124); 68 Yale L. J. S. 1259.
[4]) Nelson S. 641.

table title -Doktrin kann ein Grundstückskäufer, der einen derartigen Formmangel in der Titelkette entdeckt, vom Vertrag zurücktreten. Hier wollen die Curative Statutes Abhilfe schaffen; generell sehen sie vor, daß bestimmte Mängel nach Ablauf einer bestimmten Frist als geheilt gelten. Im einzelnen weichen die verschiedenen Gesetze jedoch erheblich voneinander ab. Nur wenige gewähren dem Käufer umfassenden Schutz, indem sie auf sämtliche Formmängel anwendbar sind[5]). In der Regel beziehen sich die Gesetze nur auf bestimmte, genau spezifizierte Mängel[6]). Außerdem tritt Heilung durchweg erst nach 1-21jährigem Fristablauf ein[7]). Der Beitrag der Curative Statutes zu einem flüssigen Immobiliarverkehr ist daher nur unwesentlich[8]).

§ 21

bb) Statutes of Limitation

Statutes of Limitation sind liegenschaftsrechtliche Verjährungsgesetze[9]), die Ver- und Ersitzung von Grundstücksrechten regeln. Diese Gesetze, die in allen Bundesstaaten gelten und auf das Jahr 1623 zurückzuführen sind[10]), sehen einerseits vor, daß klagbare Ansprüche aus Liegenschaftsrechten erlöschen, falls sie nicht binnen einer bestimmten Frist geltend gemacht werden, und bestimmen andererseits, daß der Grundstücksbesitzer nach Fristablauf in entsprechendem Umfang ersitzt (title by adverse possession). Die Fristdauer schwankt in den einzelnen Staaten zwischen 10 und 21 Jahren[11]), eingetragene und nichteingetragene Rechte sind gleichermaßen betroffen. Ein Grundstücksbesitzer kann jedoch nicht damit rechnen, mit Fristablauf ein unanfechtbares, lastenfreies Recht zu erlangen, das weitere Nachprüfungen entbehrlich macht. Denn die Statutes of Limitation lassen alle Rechte unberührt, die nicht klagbar sind, weil sie nicht zum Besitz berechtigen (Dienstbarkeiten und zukünftige Rechte wie remainders, reversions, future interests)[12])[13]). Die Verjährungsfristen ruhen ferner gegenüber Minderjährigen und Geschäftsunfähigen[13]) und schließlich bleiben auf Grund der überkommenen Lehre von der

---

[5]) Z. B. Kalifornien (Cal. Civ. Code § 1207 [Deering 1949]); Nebraska (Rev. Stat. Ann. §§ 76–258–600 [1958]); Utah (Code Ann. § 57–4–4 [1953]).

[6]) Z. B. heilt ein Florida-Gesetz (Fla. Stat. Ann. §§ 117.06 [1943]) ausschließlich Beglaubigungen, die vor 1903 von Notaren vorgenommen wurden, deren Zulassung erloschen war. Weitere Beispiele siehe 68 Yale L. J. S. 1260 Anm. 79 und Nelson S. 641.

[7]) 68 Yale L. J. S. 1260; Ohio (Rev. Code § 5301.07): 21 Jahre; nur in Michigan werden Formmängel schon mit der Eintragung geheilt (Mich. Ann. Stat. § 26.824 [1953]).

[8]) So Nelson S. 649 und 68 Yale L. J. S. 1260.

[9]) Verjährung ist hier nicht im Sinne des BGB, sondern als allgemeiner Oberbegriff zu verstehen (vgl. Enneccerus-Nipperdey § 229).

[10]) Englisches Gesetz 21 Jac. 1 c. 16.

[11]) 68 Yale L. J. S. 1256 Anm. 61/1257. Sie beträgt im Durchschnitt 15 Jahre, siehe z. B. New York Civil Practice Act § 36.

[12]) Zu remainder, reversion, future interest siehe oben § 7 Anm. 8 und Text.

[13]) Fiflis S. 1411; 68 Yale L. J. S. 1257.

Kronimmunität auch in den USA alle – klagbaren und unklagbaren – Rechte unberührt, die dem Staat zustehen[14]). Obwohl Reformbestrebungen in einigen Staaten dazu geführt haben, den Geschäftsunfähigenschutz einzuschränken und die zukünftigen Rechte in das Gesetz einzubeziehen[15]), läßt sich in der Regel aus dem fristgemäßen Grundstücksbesitz allein kein lastenfreier Titel herleiten. Insbesondere die Lehre von der Kronimmunität macht es dem vorsichtigen Käufer zur Pflicht, die Titelprüfung im Register nicht auf die Ausschlußfrist des geltenden Statute of Limitation zu beschränken, sondern die Titelgeschichte bis zur Landverleihung zurückzuverfolgen[14]).

§ 22

cc) Marketable Title Acts

Wesentlich erweitert wurde der Schutz, den Statutes of Limitation gewähren, in den Staaten Michigan, Süd-Dakota, Nord-Dakota und Nebraska, die sog. Marketable Title Acts erlassen haben[16]). Das fortschrittlichste dieser Gesetze, der Michigan Marketable Title Act, erklärt ein Grundstücksrecht, das eine registrierte, vierzigjährige ununterbrochene Titelkette aufweist, für umlauffähig (marketable). Von vier Ausnahmen abgesehen, erlöschen alle älteren, entgegenstehenden Rechte – gleich ob klagbar oder unklagbar – ipso iure, sofern sie nicht innerhalb der Vierzigjahresfrist im Register vermerkt worden sind. Geschäftsunfähige genießen keinen Sonderschutz[17]). Die Rechtslehre hat den Zweck dieses Gesetzes, die Titelprüfungsfrist auf 40 Jahre vor der gegenwärtigen Verfügung abzukürzen, überwiegend als wirksame Verbesserung des Registersystems begrüßt[18]). Die praktische Anwendung der Marketable Title Acts bereitet jedoch Schwierigkeiten, da diese Gesetze übereinstimmend vier Rechte vom sonst lückenlosen Registerzwang ausnehmen, u. a. das Rückfallrecht (reversion) des Vermieters, nicht fällige Hypotheken und Rechte des Einzelstaates sowie der Vereinigten Staaten (Kronimmunität)[19]). Da folglich einige entgegenstehende Rechte auch außerhalb der vierzigjährigen Titelkette wirksam bleiben, gewähren die Marketable Title Acts keinen vollständigen Schutz. Der Anwaltsverein des Staates Michigan hat daher seinen Mitgliedern empfohlen, die Überprüfung der Titelgeschichte über die gesetzliche Frist hinaus durchzuführen[20]). Im übrigen

---

[14]) Payne, Crisis, S. 231.
[15]) 68 Yale L. J. S. 1257 Anm. 66 und 67.
[16]) Mich. Stat. Ann. §§ 26.1271–1279 (1953); South Dakota Code §§ 51.16 B 01–16 B 14 (Supp. 1952); North Dakota Laws 1951 c. 280 §§ 1–11; Nebraska Rev. Stat. Ann. §§ 76–288–298 (1947); ähnliche, weniger weitreichende Gesetze gibt es seit 1919 in Iowa, Wisconsin, Minnesota, Illinois und Indiana (Nelson S. 628–634; 68 Yale L. J. S. 1261 Anm. 86).
[17]) Simes S. 10; Payne, Crisis, S. 221.
[18]) Vgl. statt aller Nelson S. 635, 637.
[19]) Siehe in den oben (Anm. 16) angeführten Gesetzen: Mich. § 26.1274; South Dakota § 51–16 B 10; North Dakota § 11; Nebraska § 76–298.
[20]) Nelson S. 638 Anm. 135; Payne, Crisis, S. 224 Anm. 23.

wird in Kreisen der Rechtslehre darauf hingewiesen, daß selbst eine wirksame Vierzigjahresfrist für praktische Prüfungszwecke noch zu lang sei[21]).

§ 23

dd) Quieting Title Acts

Da selbst jene Staaten, die Curative Statutes, Statutes of Limitation und Marketable Title Acts nebeneinander erlassen haben, keinen umfassenden gesetzlichen Titelschutz gewährleisten können[22]), bleibt häufig nur die Möglichkeit, Titelmängel mit Hilfe eines gerichtlichen Feststellungsverfahrens, genannt action to quiet title, klären zu lassen[23]). Aus zwei equity-Verfahrenstypen erwachsen – der bill of peace und der bill to remove cloud (quia timet)[24]) – hat die action to quiet title angesichts der Unzulänglichkeiten des Registersystems und des gesetzlichen Titelschutzes große Bedeutung erlangt. Im Staate Kansas stellten allein diese Feststellungsverfahren in den Jahren 1946-1955 15% aller erstinstanzlichen bürgerlichen Rechtsstreitigkeiten dar[25]). Stellvertretend für die insgesamt 37 geltenden Quieting Title Acts[26]) sei § 66.28 des Florida-Gesetzes zitiert, der den Gesetzeszweck besonders klar zum Ausdruck bringt: »Wer ein Recht an einem im Staat belegenen Grundstück für sich in Anspruch nimmt oder über ein solches Recht verfügt hat, kann mit allseitig bindender Wirkung Klage gegen jedermann (against all the world) erheben, um die Rechtsbeständigkeit seines Titels sowie aller entgegenstehenden Rechte feststellen zu lassen«. Inhalt und Umfang des streitbefangenen Rechts werden durch Urteil bindend gegenüber jedermann festgestellt. Im Register eingetragen, stellt das Urteil daher eine perfekte »root of title« dar. Da eine Nachprüfung der früheren Titelgeschichte nunmehr überflüssig ist, wird die Titelprüfungsfrist auf diese Weise wesentlich abgekürzt. Stünden nicht die erhebliche Verfahrensdauer und die hohen Prozeßkosten im Wege, so ließe sich mittels periodischer Wiederholung des Verfahrens – etwa bei jeder vierten fee simple-Übertragung – eine beträchtliche Sicherheit für das Registersystem erzielen. Auf nähere Einzelheiten der interessanten action to quiet title kann hier nicht eingegangen werden[27]). Hervorgehoben sei jedoch, daß dogmatische Unklarheiten auf Seiten der Gerichte über die Ausgestaltung des Verfahrens dessen Wert in der Praxis stark beeinträchtigen. So ist die Frage besonders umstritten, ob die allseitige Bindung des Urteils ausnahmslos anzuerkennen ist, oder ob gewisse Personen – z. B. nicht- oder öffentlich geladene dritte Rechtsinhaber unbekannten Wohnorts – davon befreit sind. Ungeklärt ist ferner das damit verbundene Problem, inwie-

---

[21]) Fiflis S. 1411; Payne, Crisis, S. 224.
[22]) Vgl. das anschauliche Beispiel in 68 Yale L. J. S. 1263 Anm. 98.
[23]) Patton, Registration, S. 525.
[24]) 68 Yale L. J. S. 1266.
[25]) Johnstone S. 508 Anm. 58.
[26]) Angeführt in 68 Yale L. J. S. 1267 Anm. 115.
[27]) Insoweit wird auf die erschöpfende Darstellung in 68 Yale L. J. S. 1256 f. verwiesen.

weit diese Personen die Wiederaufnahme des Verfahrens betreiben können, ob dabei die Rechte gutgläubiger Dritter zu berücksichtigen sind etc.[27]).

§ 24

b) Kommerzieller Titelschutz

Ungleich bedeutsamer als der gesetzliche Titelschutz ist der Beitrag der Privatwirtschaft. Viele Rechtsanwälte und mehrere Erwerbszweige des amerikanischen Wirtschaftslebens haben sich auf den Titelschutz spezialisiert und verdanken ihre Existenz ausschließlich der unzulänglichen Deeds Registration. Dieses eigenartige Phänomen findet sich im angelsächsischen Rechtskreis nur in den USA und in Kanada und ist zweifellos die interessanteste Auswirkung des dortigen Registerrechts. Lawyer's Opinion und Title Insurance (Titelversicherung) sind die beiden kommerziellen Sicherungsmethoden, die von der Mehrheit der amerikanischen Grundstückskäufer, langfristigen Mieter und Hypothekengläubiger in Anspruch genommen werden[28]).

§ 25

aa) Lawyer's Opinion

Die Lawyer's Opinion war ursprünglich ein Gutachten, das der Käufer über die Rechtsbeständigkeit des Titels seines Verkäufers bei einem Rechtsanwalt einholte. An Hand der Daten der Titelgeschichte, die er im lokalen Registeramt sammelte, war der Anwalt in der Lage, das Gutachten abzufassen. Spezialanwälte, die sog. conveyancers oder »land title law firms« legten sich durch planmäßiges Kopieren der Eintragungen private Grundregister an, die heute häufig die Mehrzahl der Grundstücke ihres Niederlassungsorts erfassen[29]). Infolge des raschen Anschwellens des Grundstückmarktes und der dadurch bedingten Aufblähung des Registerapparates wurde es jedoch seit der Jahrhundertwende zunehmend schwieriger und zeitraubender für den einzelnen Anwalt, lückenlose Nachforschungen anzustellen, zumal er ausschließlich auf den unzulänglichen grantor-grantee index der staatlichen Registerämter angewiesen war. In den dichter besiedelten Gegenden des Landes bildete sich daher ein besonderer Berufszweig, der sog. abstractor, der ausschließlich damit beschäftigt ist, im Registeramt alle Glieder einer Titelgeschichte zu sammeln und in abgekürzter, übersichtlicher Form zusammenzustellen. Diesen Extrakt nennt man einen »abstract of title«, »a condensed history of the title of a particular tract of land«[30]), an Hand dessen der Anwalt sein Gutachten, die opinion, abfaßt[31]). Folge dieser Arbeitsteilung war zwar eine

---

[28]) Johnstone S. 493/494.
[29]) Nelson S. 626; Heinrich S. 333.
[30]) The Tract and Grantor-Grantee Indices S. 493.
[31]) Im Kaufvertrag ist regelmäßig bestimmt, daß der Käufer nur bei positivem Ausfall des Gutachtens, wenn ein »marketable title« vorliegt, zur Abnahme des Grundstücks verpflichtet ist.

wesentliche Kostenerhöhung für das Publikum[32]); sie war jedoch, wie allgemein anerkannt wird, angesichts der schlecht geführten staatlichen Register unumgänglich[33]). Wichtigstes Hilfsmittel des abstractors – meist große, in den Städten ansässige Gesellschaften – ist die sog. »title plant«, ein nach modernsten Gesichtspunkten geführtes, außerordentlich kostspieliges, vollständiges privates Grundregister[34]). Die Abschriften sämtlicher Eintragungen im staatlichen Deedsregister sowie anderer Register werden hier gesammelt. Da ausschließlich das Realfolium (tract-indexing system) als Ordnungsprinzip verwandt wird[35]), können die Angestellten der Abstractorgesellschaften schnell und zuverlässig ohne Benutzung des staatlichen Deedsregisters den »abstract of title« eines Grundstücks zusammenstellen[36]). In größeren Grafschaften findet sich mindestens eine, häufig mehrere title plants, die verschiedenen, miteinander konkurrierenden Gesellschaften gehören. Da die Wettbewerbsfähigkeit einer Abstractorgesellschaft von der Vollständigkeit ihrer Registersammlung abhängt, kommt es vor, daß die Titelgeschichte eines Grundstücks außer im staatlichen Register zugleich in mehreren title plants bzw. land title law firms gebucht ist[37]). Die Kostspieligkeit dieser mehrfachen Registerführung wird besonders augenfällig, wenn man bedenkt, daß z. B. in den Registerämtern von Chicago und Los Angeles im Jahre 1954 300 000 bzw. 900 000 Deeds registriert wurden[38]), die allesamt von den dortigen title plants kopiert und geordnet werden mußten[39]). Bezeichnenderweise vergleicht Johnstone[39]) die Führung einer title plant mit industriellen Fertigungsmethoden und kommt zu dem Schluß, daß eine große title plant wie ein Fabrikunternehmen eingerichtet sei, in dem viele angelernte Arbeitskräfte weitgehend mechanisierte Spezialtätigkeiten ausübten[40]). Als bemerkenswerte Ausnahme ist New York City die einzige Stadt, in der es keine title plants mehr gibt. In den vierziger Jahren wurde dort das letzte private Grundregister aufgelöst, denn das staatliche Registeramt, das bereits 1885 mit der Einrichtung eines tract-index begonnen und das Realfolium systematisch ausgebaut hatte, genügt vollauf den Anforderungen der Abstractorgesellschaften und Rechtsanwälte,

---

32) So kostet allein der abstract of title in Idaho in der Regel mehr als $ 100 (Payne S. 18 Anm. 35), während in New York City ein abstract bei vierzigjähriger Titelsuche schon für $ 50 angefertigt wird (Nelson S. 626 Anm. 70). Watts (S. 457) berichtet, daß ein abstract in Colorado häufig über 100 Eintragungen aufweist, für jede Eintragung wird dort eine Gebühr von $ 2 erhoben.

33) Vgl. Goth S. 236; Nelson S. 626; Bordwell, Resurrection, S. 484; Viele S. 424–426.

34) Vgl. Heinrich S. 323 Anm. 7; Bordwell, Resurrection, S. 484 Anm. 78; Johnstone S. 507.

35) Johnstone S. 507.

36) In einigen Staaten ist der abstract eines abstractors, der eine Kaution hinterlegt hat, sogar als gleichwertiges Beweismittel neben den staatlichen Deedsregistereintragungen zugelassen (Viele S. 431); siehe auch unten Anm. 57).

37) Johnstone S. 508; Heinrich S. 333.

38) Siehe oben § 18 Anm. 44.

39) Johnstone S. 507.

40) In großem Umfang werden die Abschriften der staatlichen Registereintragungen mittels Mikrofilm und anderer photomechanischer Hilfsmittel hergestellt (Title Insurance; The Duty to Search S. 1183 Anm. 18); siehe auch unten § 26 Anm. 35).

die dort mühelos alle Nachforschungen anstellen können[41]). Gerade dieses Beispiel zeigt anschaulich die wirtschaftlichen Auswirkungen einer Frage des formellen Registerrechts – Personal- oder Realfolium – denn in den übrigen Landesteilen, deren Registerämter zäh am unzulänglichen Personenindex festhalten, verläuft die Entwicklung entgegengesetzt: bestehende title plants werden dort vergrößert und vervollständigt, neue title plants werden auch in kleineren Grafschaften eingerichtet[42]). Die Unzuverlässigkeit der staatlichen Deedsregister ist dort so notorisch, daß die wenigen Anwälte, die nicht die Dienste eines abstractors in Anspruch nehmen und ihre Gutachten ausschließlich an Hand der staatlichen Registereintragungen abfassen, in Fachkreisen herabsetzend als »curbstoners« bezeichnet werden und nur geringes Ansehen genießen[43]).

Zwar hat die Einrichtung privater title plants dank des dort verwandten Realfoliumsindexes einem technischen Mangel des Registerrechts – der Unübersichtlichkeit der Eintragungen – abgeholfen. Dennoch steht das Lawyer's Opinion System weiterhin im Mittelpunkt der Kritik, die sich vornehmlich gegen die von den Anwälten praktizierten Methoden bei ihrer Gutachtertätigkeit richtet, die sich an das »abstracting of title« anschließt[44]). Der Anwalt hat darüber zu befinden, ob der von ihm begutachtete Titel umlauffähig (marketable) ist. Dabei kommt es nicht nur darauf an, daß sein Mandant das gekaufte Grundstücksrecht ungestört ausüben kann, entscheidend ist vor allem, ob der Mandant jederzeit in der Lage ist, das Recht weiterzuveräußern[45]). Der Käufer eines fee simple braucht zwar in der Regel nicht zu befürchten, wegen eines älteren Formmangels in der Titelkette (etwa einer fehlenden Beglaubigung) evinziert zu werden, er muß jedoch damit rechnen, daß das Anwaltsgutachten des Käufers, dem er seinerseits das fee simple weiterveräußern will, auf Grund des Formmangels negativ ausfallen wird. Sein fee simple wäre dann praktisch unverkäuflich und hätte nur noch geringen Wert. Die Gefahr, daß ein zweiter Anwalt bei der Begutachtung des gleichen Titels zu einem abweichenden Ergebnis gelangt, ist sehr groß, da nur wenige Staaten Marketable Title Acts erlassen haben und im übrigen verbindliche Rechtsprechungsgrundsätze über den Begriff »Umlauffähigkeit« (marketablility) fehlen. Die Gerichte haben sich bisher auf ad hoc-Entscheidungen beschränkt, aus denen sich keine allgemeinen Prinzipien ableiten lassen[46]). Infolge dieser Rechtsunsicherheit sind die Bewertungsmaßstäbe des amerikanischen Anwalts bei der Titelprüfung außerordentlich streng – denn verständlicherweise läßt sich ein Anwalt nur ungern von einem Kollegen bescheinigen, er habe leichtfertig die Umlauffähigkeit eines Titels bejaht.

Statt bei der Titelbegutachtung im Interesse eines flüssigen Grundstücks-

---

[41]) Viele S. 426; Johnstone S. 508; Nelson S. 627.

[42]) Johnstone S. 508.

[43]) Bordwell, Resurrection, S. 484; Heinrich S. 323 Anm. 7.

[44]) Heinrich S. 323.

[45]) Denn nach der Rechtsprechung muß der Verkäufer dem Käufer einen »marketable title« anbieten (Moore/Williams [N.Y.] 22 N.E. 233 [1889]; 92 C.J.S. § 189 S. 23).

[46]) Payne S. 9 Anm. 13; Johnstone S. 496.

marktes eine gewisse Großzügigkeit walten zu lassen und über unbedeutende Mängel hinwegzusehen, wird hier im allgemeinen recht kleinlich verfahren: Vermutungen und Erfahrungssätze, die trotz kleinerer technischer Mängel für die Umlauffähigkeit eines Titels sprechen, bleiben unberücksichtigt, ebenso das Erlöschen entgegenstehender Ansprüche auf Grund eines Statute of Limitation; die Titelgeschichte wird bis zur Landverleihungsurkunde der USA bzw. britischen Krone zurückverfolgt. Dieses Übermaß an Vorsicht, genannt »construing against title« oder auch »flyspecking«, hat dazu geführt, daß viele praktisch durchaus einwandfreie und sichere Titel wegen unbedeutender Mängel für unverkäuflich erklärt werden und der Inhaber zur »Titelbereinigung« ein teures und im Ausgang ungewisses Quieting of Title – Feststellungsverfahren durchführen muß[47]). Weitere groteske Folge des »construing against title« ist, daß bei Weiterveräußerung des Grundstücks der einmal erstellte abstract zwar nur auf den neuesten Stand gebracht werden muß, die anwaltliche Begutachtung des abstracts dagegen in vollem Umfang wiederholt wird. Anwälte erkennen ihre Gutachten gegenseitig nicht an: Verkauft A dem B im Jahre 1960 ein fee simple, so begutachtet B's Anwalt die Grundstückstitelgeschichte bis zur Landverleihung seitens der USA bzw. britischen Krone. Verkauft nun B im Jahre 1968 das fee simple an C, so geht C's Anwalt nicht etwa nur, wie man vernünftigerweise annehmen dürfte, bis 1960 zurück, sondern ebenfalls bis zur Verleihung[48]).

Man ist sich in Anwaltskreisen durchaus bewußt, daß diese Mißstände nicht nur zusätzliche Arbeit und Zeitverlust bedeuten, sondern darüber hinaus den Ruf des gesamten Anwaltsstandes beeinträchtigen[49]).

Seit 1923 werden daher in zunehmendem Maße von örtlichen und einzelstaatlichen Anwaltskammern Richtlinien zur Vereinheitlichung der divergierenden Titelprüfungspraktiken ihrer Mitglieder erarbeitet und erlassen. Diese Richtlinien, Title Standards genannt, regeln einzelne strittige Punkte; von den Mitgliedern wird erwartet, daß sie den Empfehlungen in der Praxis folgen. Behandelt werden in der Regel: Länge der Titelprüfung, Unbeachtlichkeit bestimmter älterer Mängel infolge Zeitablaufs, Tatsachenvermutungen und Erfahrungssätze (z. B. es wird vermutet, daß ein registrierter Deed auch übergeben wurde), Auslegung einzelner Gesetzesnormen, sowie Beziehungen der Mitglieder untereinander und zu den Mandanten[50]).

Den ersten Title Standards, die 1923 von der Anwaltskammer der Grafschaft Livingstone (Illinois) erlassen wurden, folgten bis 1957 insgesamt 34 Standards auf örtlicher- bzw. Grafschaftsebene und 18 Standards mit einzelstaatlichem Geltungsbereich[51]). Selbst die Bundesanwaltskammer befaßte sich in den Jahren 1939-1942 mit der Ausarbeitung einheitlicher Title

---

47) Payne S. 8/9; Nelson S. 651.

48) Simes S. XXIII; McDougal, Brabner-Smith S. 1127, insbes. Anm. 12; Nelson S. 626/627; Payne, Crisis, S. 216 Anm. 6.

49) Vgl. Protokolle von Anwaltskammersitzungen in Nebraska und Connecticut, angeführt bei Payne S. 12 und 15.

50) Payne S. 5, 10.

51) Vgl. Zusammenstellung bei Payne S. 48–50 und Nelson S. 652.

Standards; die Arbeiten wurden jedoch durch den Krieg unterbrochen und sind bisher nicht wiederaufgenommen worden[52]).

Wichtigste Regelung aller Title Standards ist die Festsetzung der Titelprüffristen; besonders lehrreich ist hier das Beispiel des Staates Connecticut, dessen Title Standards als vorbildlich gelten. Ebenso wie in den übrigen 13 Gründungsstaaten der Union ist dort die Titelrückverfolgung bis zur staatlichen Landverleihung in den jahrhundertealten Registern außerordentlich schwierig, häufig sogar unmöglich. Bis zur Ausarbeitung der ersten Richtlinien im Jahre 1933 war die Unsicherheit in Anwaltskreisen groß, denn jeder Anwalt mußte nach eigenem Gutdünken die Suchfrist willkürlich abkürzen. Der Versuch der Landesanwaltskammer im Jahre 1933, eine einheitliche Prüffrist von 60 Jahren zu empfehlen, scheiterte zunächst am Widerstand der Abstractorgesellschaften, die (aus finanziellen Gründen) zeitlich ausgedehntere Prüfungen für erforderlich hielten. Man einigte sich schließlich auf einen Kompromiß (Suchfrist bei Auflassungen 100 Jahre, bei Belastungen 75 Jahre), bis im Jahre 1938 die allgemeine Sechzigjahresfrist durchgesetzt werden konnte, die bis heute strikt von den dortigen Anwälten eingehalten wird[53]).

Dieses Beispiel verdeutlicht die Vorteile der Title Standards: der Grundstücksmarkt wird flüssiger, wenn ein Anwalt seinem Gutachten die meist großzügigen Beurteilungsmaßstäbe der Richtlinien zugrundelegt. Dennoch ist der Titelschutzwert der Title Standards nur begrenzt: da sie keine Gesetzeskraft haben, stellen sie lediglich Empfehlungen an die Mitglieder der jeweiligen Anwaltskammer dar, von deren Disziplin und gutem Willen ihre Wirksamkeit abhängt[54]). Da die Title Standards aus dem gleichen Grunde die Gerichte nicht binden, sind sie im Verhältnis Anwalt – Mandant bloße anwaltliche Haftungsbeschränkungen; so bürden die Connecticut Title Standards dem Mandanten das Risiko für alle (auch erkennbaren) Rechtsmängel auf, die älter als 60 Jahre sind[55]). Schließlich besteht die Gefahr, daß die wichtigste Aufgabe, die Reform des materiellen Registerrechts, durch den weiteren Ausbau der Title Standards (die ja bloß registerrechtliche Hilfsmittel sind) verzögert wird.

Das »Lawyer's Opinion System« bietet mithin dem Käufer nicht vollständige Sicherheit. Zwar haften Anwalt und abstractor vertraglich und deliktisch für negligence, also z. B. für schuldhaft fehlerhafte Nachprüfung[56]), zwar sind abstractors in einigen Staaten gesetzlich verpflichtet, Kautionen zu hinterlegen[57]), doch ist der Haftungsmaßstab nur begrenzt. Geschuldet wird »reasonable care« bei der Titelprüfung, die sich darin erschöpft, alle im Register *ersichtlichen* Rechtsmängel in abstract und Gutachten zu berücksichtigen[58]).

---

52) Payne S. 16/17.
53) Payne S. 14, 15, 34 und 51.
54) Payne S. 31/32.
55) Fiflis S. 1411; Payne S. 32.
56) Vgl. Bayerl/Smyth (N. J.) 189 Atl. 93 (1937); Nelson S. 626.
57) Kansas (Gen. Stat. Ann. § 67–802 [Supp. 1955]); Nebraska (Rev. Stat. § 76–501 [1950]); siehe auch oben Anm. 36.
58) Adams/Greer (Ark.) 114 Fed. Supp. 770 (775) (1953).

Keine Haftung besteht dagegen für die zahlreichen, oben aufgeführten Mängel, die nicht aus dem Register hervorgehen[59]).

Die Besorgnis, daß sich ein anwaltlich überprüfter Titel später als »unmarketable« wegen eines Mangels erweist, für den weder Anwalt noch abstractor haften, hat zu einem zweiten kommerziellen Titelschutzsystem geführt: der Titelversicherung[60]).

---

[59]) Oben § 17 Anm. 39 und Carter S. 480.
[60]) Carter S. 480; Bordwell, Resurrection, S. 485; Nelson S. 623.

bb) Titelversicherung

Sie hat ihren Ursprung in Philadelphia. Unmittelbarer Anlaß war die 1868 erfolgte Haftungsbeschränkung der abstractors des Staates Pennsylvanien auf Vorsatz und grobe Fahrlässigkeit[1]). Grundstückskäufer beauftragten fortan nur die tüchtigsten und zuverlässigsten abstractors mit der Titelsuche. Diese waren bald derart überlastet, daß der Arbeitsanfall nur unter Abkürzung der Prüffristen bewältigt werden konnte. Um das dadurch bedingte gesteigerte Haftungsrisiko abzuwälzen, gründeten einige abstractors im Jahre 1876, als der Grundstücksmarkt in Philadelphia wegen einer bevorstehenden Jubiläumsausstellung besonders lebhaft war, die erste Titelversicherungsgesellschaft: die Real Estate Title Insurance Company.

Sie verpflichtete sich gegenüber Erwerbern von Grundstücksrechten für bestimmte, in der Police spezifizierte Rechtsmängel ihrer Titel einzustehen und im Schadensfall Wertersatz zu leisten. Zunächst verbreitete sich der neuartige Titelschutz nur langsam: 1914 gab es Versicherungsgesellschaften in den Städten New York, Chicago, Minneapolis, San Francisco und Los Angeles. In den zwanziger Jahren war jedoch ein rasches Anwachsen der Geschäftstätigkeit zu verzeichnen, was insbesondere in New York zu einer vollständigen Kontrolle des Grundstücksmarktes durch die dortigen 4–5 Titelversicherungsgesellschaften führte. Dank des good will, den sich diese Gesellschaften seit ihrer Gründung um 1890 erworben hatten und dank des unbegrenzten Vertrauens des Publikums in ihre Zahlungsfähigkeit galt damals ein Titel, der nicht bei ihnen oder ihren Tochtergesellschaften versichert war, als unverkäuflich. Sparkassen, Banken und andere Versicherungssparten assoziierten sich mit den Titelversicherern. Die Ausgabe von Policen garantierte ihnen nicht nur beträchtlichen Gewinn, sondern ermöglichte es ihnen auch, das Hypothekengeschäft zu kontrollieren. Damit hatten die Titelversicherer maßgeblichen Einfluß auf den Baumarkt gewonnen. Bauwillige, die Hypothekendarlehen benötigten, mußten Architekten und Bauunternehmer beauftragen, die den Titelversicherern nahestanden. Dank dieser Machtkonzentration konnten einige von den Titelversicherern geförderte Grundstücksmakler eine Monopolstellung in New York City einnehmen – die anderen Makler mußten sich mit ihnen arrangieren. Schließlich war der gesamte New Yorker Grundstücksmarkt in den Händen der Titelversicherungsgesellschaften und ihrer Geschäftsfreunde. Neben der eigentlichen Rechtsmängelversicherung betrieben sie zusätzlich – ohne ausreichendes Geschäftskapital – eine Hypotheken-Bonitätsversicherung (mortage guarantee). Während der Wirtschaftskrise Anfang der dreißiger Jahre brach dieses Monopolkartell zusammen[2]), 31 der 44 New Yorker Titelversicherer gingen in Konkurs[3]). Der Prestigeverlust, den das

---

[1]) Watson/Muirhead, 57 Pa. 161 (1868), angeführt bei Goth S. 235 Anm. 2.
[2]) Payne, Crisis, S. 218 Anm. 10; Fairchild S. 229–236.
[3]) Johnstone S. 512 Anm. 89.

Titelversicherungsgewerbe damals erlitt, bewirkte zwar zunächst einen Geschäftsrückgang. Seit 1945 ist jedoch ein erneuter stetiger Aufschwung zu verzeichnen: heute ist die Titelversicherung in den Westküstenstaaten Kalifornien, Oregon und Washington der ausschließliche und in den Staaten Pennsylvanien, Illinois, New Jersey sowie in fast allen amerikanischen Großstädten der vorherrschende Typus des Titelschutzes[4]).

Die stürmische Entwicklung dieses eigenartigen Rechtsinstituts erklärt sich aus seiner heutigen Struktur, die den Anforderungen des modernen amerikanischen Grundstücksmarktes mehr als das Lawyer's Opinion System gerecht wird. Obwohl die Titelversicherer nach h. M. Versicherungsgeschäfte im rechtstechnischen Sinne betreiben[5]), wäre es doch falsch, sie mit anderen Versicherungssparten (Lebens-, Feuer-, Unfallversicherung) auf eine Stufe zu stellen. Denn als funktionelle Ergänzung des Lawyer's Opinion Systems wird die Titelversicherung vom Präventionssystem beherrscht: die Police wird erst ausgestellt, wenn der Titel nach herkömmlicher Methode mittels abstract und Gutachten überprüft worden ist. Da für entdeckte Rechtsmängel kein Versicherungsschutz gewährt wird, sind die Titelversicherer bestrebt, das vorgeschaltete Prüfungsverfahren möglichst gründlich durchzuführen. Das eigentliche Versicherungsgeschäft tritt demgegenüber oft in den Hintergrund: die Titelversicherer üben in erheblichem Umfang versicherungsfremde Tätigkeiten aus.

Das Schadensrisiko, das der Titelversicherer mit Policenausstellung übernimmt, ist daher nur gering[6]). Gedeckt sind in der Regel folgende Risiken:

1. Fehlerhafte Titelnachprüfung.
2. Alle Risiken aus abgekürzter Registersuche (die Gesellschaft begnügt sich mit einer sechzigjährigen Titelkette: sie haftet für ältere Rechtsmängel, selbst wenn sie aus dem Register ersichtlich sind).
3. Bekannte Rechtsmängel, falls ihrer Geltendmachung mit Sicherheit ein Statute of Limitation, Curative Act oder Marketable Title Act entgegensteht.
4. Die Rechtsbeständigkeit der überprüften registrierten Deeds (hierunter fallen viele der oben aufgeführten Rechtsmängel, die nicht aus der Registereintragung hervorgehen[7]), z. B. muß der Titelversicherer für den Schaden aufkommen, falls eine Auflassung in der Titelkette wegen Betruges, Geschäftsunfähigkeit oder fehlender Vertretungsmacht nichtig ist[8]).

Den praktisch wichtigsten Haftungsfällen Nr. 1 und 4 stehen jedoch zahlreiche Risiken gegenüber, für die kein Versicherungsschutz gewährt wird, so:

1. Bei der Titelprüfung entdeckte Mängel.
2. Dem Versicherungsnehmer bekannte Mängel.
3. Nach Versicherungsbeginn entstandene Mängel.

---

[4]) Goth S. 235; Payne, Crisis, S. 218 Anm. 10, 219; Nelson S. 623; Johnstone S. 493, 518; Bordwell, Resurrection, S. 484 Anm. 78.

[5]) U.S./Home Title Insurance Co., 285 U.S. 191 (1932); Föhrenbach/German-American Title Co. (Pa.) 66 Atl. 561 (1907); De Carli/O'Brien (Ore.) 41 Pac. (2 d) 411 (1935).

[6]) Johnstone S. 494/495; Goth S. 236; Haley S. 343/344.

[7]) Oben § 17 Anm. 39.

[8]) Siehe Zusammenstellung dieser Haftungsfälle bei Goth S. 239 Anm. 36.

4. Rechtsmängel des Grundstückszubehörs.
5. Öffentlich-rechtliche Bau- und Nutzungsbeschränkungen.
6. Gewisse, aus dem Register nicht ersichtliche Rechtsmängel, sofern sie bei Besichtigung des Grundstücks feststellbar sind (z. B. mit Anlagen verbundene Dienstbarkeiten, mechanics' Ciens (gesetzliche Bauhandwerkerhypotheken), Ersitzungsbesitz, Richtigkeit der im Register angeführten Grundstücksfläche-, -lage und -grenzen, Miteigentum, dower und curtesy (dingliche Rechte, die Eheleuten kraft Gesetzes am Grundstück des Ehegatten zustehen)[9]).

Zu diesen generellen, bei allen Titelversicherern üblichen Ausschlußklauseln treten im Einzelfall zusätzliche Haftungsbeschränkungen, die der Versicherungsnehmer angesichts der Monopolstellung des Titelversicherungsgewerbes in manchen Landesteilen akzeptieren muß[10]). Schließlich unterscheiden sich fee simple- und Hypothekenpolice bisweilen im Haftungsumfang[11]). Auch die Prämienhöhe richtet sich nach der Art des versicherten Titels: eine Hypothekenpolice ist billiger als eine fee simple-Police. Einschließlich Titelüberprüfung kostet eine fee simple-Police in den verschiedenen Landesteilen der USA bei einer Versicherungssumme von $ 10 000: $ 60–115, bei einer Versicherungssumme von $ 100 000: $ 327–515 – die entsprechenden Kosten für Hypothekenpolicen betragen $ 48–60 und $ 249–331[11]). Wesentlich höher scheinen die New Yorker Prämien zu liegen: nach Angaben von Nelson[12]) $ 60–70 per $ 1 000 Versicherungssumme. Versicherungsnehmer ist der Grundstückskäufer bzw. der Hypothekengläubiger. Während der Grundeigentümer durchweg die Kosten der Hypothekenversicherung zu tragen hat, ist die Praxis bei fee simple-Veräußerungen uneinheitlich: es hängt vom jeweiligen Vertragsinhalt ab, ob Käufer oder Verkäufer mit den Kosten belastet werden[13]). Während Hypothekenpolicen auf Zessionare der versicherten Hypothek übertragbar sind, erlischt der fee simple Versicherungsschutz mit Veräußerung des betreffenden Grundstücks: der Käufer muß eine neue Police erwerben[14]). Aus der Doppelfunktion des Titelversicherers folgt, daß bei fehlerhafter Titelprüfung neben dem Anspruch aus dem Versicherungsvertrag eine »duty to search«-Haftung aus Vertrag und Delikt besteht. Praktisch bedeutsam wird diese Anspruchskonkurrenz, wenn der Schaden die Versicherungssumme übersteigt; ist zwar eine (fehlerhafte) Titelprüfung vorgenommen, aber keine Police ausgegeben worden – was bei negativem Ausfall des Gutachtens gelegentlich vorkommt – so ist ausschließlich die »duty to search«-Haftung gegeben[15]).

Wie dieser kurze Überblick bereits erkennen läßt, sind die Vorzüge der amerikanischen Titelversicherung in ihrer derzeitigen Form gegenüber dem Lawyer's Opinion System nicht so augenfällig, daß ihre rasche Verbreitung seit 1945 ohne weiteres verständlich erscheint. Sie ist teurer als die Lawyer's

---

[9]) Goth S. 240–242; Johnstone S. 496/497.
[10]) Goth S. 244/245; Johnstone S. 495.
[11]) Siehe Zusammenstellung bei Johnstone Anhang IV S. 520/521.
[12]) S. 625 Anm. 62.
[13]) Johnstone S. 494.
[14]) Nelson S. 624.
[15]) Title Insurance: The Duty to Search S. 1162; Johnstone S. 498.

Opinion[16]) und kann dem Versicherungsnehmer wegen der zahlreichen Haftungsausschlüsse nicht annähernd vollständige Sicherheit bieten. Der Erfolg der Titelversicherung erklärt sich daher im wesentlichen auch aus anderen Gründen: Hypothekenbanken, Baufinanzierungs- und Lebensversicherungsgesellschaften, die den amerikanischen Hypothekenmarkt[17]) zu etwa 80% ($ 96 Milliarden) beherrschen, beleihen in der Regel nur titelversicherte Grundstücke[18]). Titelversicherung wird darüber hinaus für alle durch staatliche Ausfallgarantien gesicherten Hypotheken verlangt, mit denen der Wohnungsbau seit 1945 in großem Umfang finanziert wird[19]). Für den kreditsuchenden Grundeigentümer, der ja die Kosten der vom Hypothekengläubiger abgeschlossenen Titelversicherung zu tragen hat, besteht folglich ein faktischer Versicherungszwang[20]).

Manche[21]) argwöhnen, diese Entwicklung beruhe lediglich auf engen Geschäftsbeziehungen zwischen Geldinstituten und Titelversicherern, andere[22]) weisen darauf hin, daß den Geldinstituten wesentlich günstigere Versicherungsbedingungen als den übrigen Versicherungsnehmern eingeräumt werden. In der Tat konnte das Kreditgewerbe, das als bedeutendster Kunde der Titelversicherer über eine starke Verhandlungsposition verfügt, im Jahre 1929 für seine Hypotheken eine Sonderversicherung durchsetzen. Bei wenig erhöhten Prämiensätzen gewährt diese sog. American Title Association (ATA) Police einen fast lückenlosen Schutz, denn bis auf bekannte Rechtsmängel und öffentlich-rechtliche Bau- und Nutzungsbeschränkungen deckt sie auch jene Risiken, die in der Standardpolice vom Versicherungsschutz ausgenommen sind[23]). Andere Versicherungsnehmer können die ATA-Police nicht erwerben, sie müssen sich weiterhin mit den zahlreichen Ausschlußklauseln der Standardpolice abfinden[24]).

Für die Geldinstitute ist damit die Titelversicherung der Lawyer's Opinion als Schutzsystem überlegen, zumal die erstrebte Standardisierung des Schutzes mit der ATA-Police – die für die gesamten USA einheitliche Versicherungsbedingungen geschaffen hat[24]) – voll verwirklicht wurde, während die »title standards« – Bewegung der Anwaltskammern noch in den Anfängen steckt.

Hinzu kommt, daß eine Titelversicherungsgesellschaft im Haftungsfalle meist liquider ist als ein Anwalt oder abstractor, außerdem gewährt sie ihren Versicherungsnehmern in der Regel Rechtsschutz[25]).

---

16) Siehe oben § 25 Anm. 32.
17) Mit Ausnahme landwirtschaftlicher Grundstücke (Johnstone S. 502).
18) Johnstone S. 502–504.
19) Payne, Crisis, S. 219 Anm. 13.
20) Goth S. 245, insbes. Anm. 63.
21) McDougal, Brabner-Smith S. 1147/1148; Fairchild S. 235.
22) Johnstone S. 504; Goth S. 249.
23) Siehe oben Anm. 9; Goth S. 242/243, insbes. Anm. 50, 51; Johnstone S. 504; Cushman S. 608 Anm. 128.
24) Goth S. 242, 249; lediglich die kalifornischen Titelversicherer gewähren neuerdings die sog. Extended Coverage Police, die im Schutzumfang der ATA-Police entspricht. Sie wird allerdings kaum in Anspruch genommen, weil die Prämiensätze verdoppelt sind und zusätzliche Kosten für Grundstücksvermessung entstehen (Goth aaO.).
25) Johnstone S. 499, 503.

Schließlich verstehen es die Titelversicherer, die Öffentlichkeit durch intensive Werbung mit ihrem System vertraut zu machen[26]). Gerade dieser Umstand wird im reklamebeherrschten Amerika als wichtiger Vorteil gegenüber der Lawyer's Opinion angesehen, denn Anwälten ist es aus standesrechtlichen Gründen verwehrt, für ihr System zu werben.

Den raschen Aufschwung, den das Titelversicherungsgeschäft dank dieser Vorzüge seit den vierziger Jahren genommen hat, verdeutlichen recht eindrucksvoll einige Zahlenangaben aus staatlichen Prüfberichten:

1. Prämienaufkommen und Verluste der Titelversicherer[27]):

	Prämien	Verluste
Kalifornien		
1940	$ 5 927 097	$ 74 076
1945	13 405 156	229 026
1950	23 547 875	138 190
1954	30 954 882	451 492
Pennsylvanien		
1940	1 006 997	42 798
1945	1 803 419	38 861
1950	4 446 171	65 422
1954	4 906 941	99 031
Florida		
1940	206 514	1 772
1945	363 881	3 909
1950	1 315 555	32 003
1954	2 256 610	52 862
Michigan		
1940	695 322	4 458
1945	599 637	8 604
1950	3 153 382	8 543
1954	keine Angaben	
Texas		
1940	keine Angaben	
1945	2 271 270	57 060
1950	7 866 346	56 112
1954	10 638 976	115 545

---

[26]) In einer Oststaatengesellschaft sind 40 Angestellte nur mit Werbungsaufgaben befaßt (Johnstone S. 509).

[27]) Siehe Johnstone Anhang I und II S. 518–520.

2. 1954 gab es in den USA 147 Titelversicherungsgesellschaften, deren Bruttoeinnahmen sich auf etwa $ 100 Millionen beliefen, wobei Liegenschaftsrechte mit insgesamt $ 28,5 Milliarden versichert waren.
3. Das Prämienaufkommen der 7 größten Gesellschaften des Landes im Jahre 1954:
a) Title Insurance and Trust Co.
(Geschäftsbereich: die Westküstenstaaten Kalifornien, Oregon und Washington)

$ 19 262 614 (= 20% der Gesamtprämien)

b) Chicago Title and Trust Co.
(Geschäftsbereich: Illinois)

$ 11 413 924

c) The Lawyer's Title Insurance Co.
(Geschäftsbereich: 45 Bundesstaaten und Bundesdistrikt Washington)

$ 6 939 852

d) The Kansas City Title Insurance Co. (Missouri)
(Geschäftsbereich: 23 Bundesstaaten und Bundesdistrikt)

$ 1 647 337

e) The Louisville Title Insurance Co. (Kentucky)
(Geschäftsbereich: 17 Bundesstaaten und Bundesdistrikt)

$ 1 282 815

f) The Title Guarantee Co. (Maryland)
(Geschäftsbereich: 14 Bundesstaaten und Bundesdistrikt)

$ 985 428

g) The Title Insurance Co. of Minnesota
(Geschäftsbereich: 19 Bundesstaaten)

$ 967 572

1955 erhöhte sich das Prämienaufkommen dieser Gesellschaften um etwa 1/3.
4. Kapital und Nettogewinn des größten amerikanischen Titelversicherers, der Title Insurance and Trust Co., beliefen sich im Jahre 1949 auf:

Kapital	$ 25 328 364
Gewinn	$ 2 519 506

1954 betrug das Geschäftskapital $ 49 262 858.
Die entsprechenden Angaben für andere Titelversicherer lauten (1949):
Title Guarantee Co.:

Kapital	$ 3 701 715
Nettogewinn	$ 360 289

Cal. Pacific Title Insurance Co.:

Kapital	$ 3 282 455
Nettogewinn	$ 297 435

Security Title Insurance and Guarantee Co.:

Kapital	$ 5 237 590
Nettogewinn	$ 337 567[28])

5. Durchschnittlicher Verlust der New Yorker Versicherungsunternehmen im Vomhundert der Jahresprämien (1956):

Unfall- und Krankenversicherer	68,4%
Feuerversicherer	51,8%
Lebensversicherer	33,6%
Titelversicherer	6,4%

Im Bundesdurchschnitt lag der Verlust der Titelversicherungsgesellschaften 1954 sogar nur bei 1,69% der Jahresprämien[29]).

Die erstaunliche Spanne zwischen Prämieneinnahmen und Verlusten erklärt sich wiederum aus der Doppelfunktion des Titelversicherers: ein erheblicher Teil des Prämienaufkommens wird nicht zur Schadensabdeckung, sondern zur Schadensverhütung verwandt und dient der Finanzierung der vorgeschalteten Titelprüfung, insbesondere dem Unterhalt und Ausbau der title plants[30]).

Der organisatorische Aufbau der Gesellschaften ist in städtischen und ländlichen Geschäftsbereichen verschieden. Auf dem Lande herrscht das sog. lawyer-title (oder approved attorney) Verfahren, das als reine Ergänzung des Lawyer's Opinion Systems die Anwälte und abstractors in den Titelprüfungsprozeß einbezieht. Der Versicherer stellt die Police erst auf Grund eines Anwaltsgutachtens aus, das wiederum in herkömmlicher Weise an Hand eines abstracts of title abgefaßt worden ist. Da ein Grundstückskäufer oder Hypothekar aus finanziellen Gründen regelmäßig nicht willens ist, drei Dienstleistungen – abstractor, Anwalt und Versicherung – für seinen Titelschutz in Anspruch zu nehmen, wird das lawyer-title Verfahren in ländlichen Gebieten nur benutzt, sofern Kreditinstitute bei Hypothekengewährung auf dem Abschluß einer Titelversicherung bestehen[31]). Intensive Werbung der Titelversicherer hat darüber hinaus in Kleinstädten zu gewissen Erfolgen geführt[32]).

In den Großstädten hat sich dagegen das title-plant System durchgesetzt: alle Arbeitsgänge werden von den Titelversicherungsgesellschaften erledigt, die eigene Rechtsabteilungen, eigene abstractors und eigene Registersammlungen (title-plants) haben. Diese Mammutunternehmen – die title plant der Chicago Title and Trust Co. zählt 650 Angestellte, die Los Angeles title plant der Title Insurance and Trust Co. 450 Angestellte[33]) – sind im Begriff, frei praktizierende Anwälte und unabhängige abstractors aus dem Titelschutzgeschäft zu verdrängen[34]). So ist in der Registerabteilung der Chicago Title and Trust Co. die Titelgeschichte von mehr als 1,4 Millionen Grundstücksparzellen des Chicagoer Stadtgebiets erfaßt – zur besseren Bewältigung des starken Arbeitsanfalls wurde dort im Jahre 1962 erstmalig ein elektronischer Datenverarbeiter vom Typ IBM 1401 installiert. Die Umstellung der gesamten title plant auf das IBM Lochkarten- und Elektroniksystem ist

---

28) Vgl. zu Vorstehendem Johnstone S. 492, 505 und Goth S. 249 Anm. 80.

29) Nelson S. 624 Anm. 60; Johnstone Anhang I S. 519.

30) Durchweg 50%, nach anderen Schätzungen sogar 95% des Prämienaufkommens (Goth S. 248).

31) Payne, Crisis, S. 218; Johnstone S. 506, 515.

32) Johnstone S. 509, 515.

33) Johnstone S. 507 Anm. 57.

34) Payne, Crisis, S. 218/219; Johnstone S. 507/508, 515.

geplant, so daß in absehbarer Zeit der »abstracting of title«-Prozeß vollautomatisiert sein wird[35]).

Die oben aufgeführten großen nationalen Gesellschaften, deren Geschäftsbereich sich über mehrere Bundesstaaten erstreckt, sind nach einem Mischsystem organisiert. Während sie für ihren Heimatort eine eigene title plant und Rechtsabteilung unterhalten, lassen sie die Titelgeschichte auswärts gelegener Grundstücke von unabhängigen, vertrauenswürdigen Anwälten und abstractors überprüfen. So sind für die drittgrößte Titelversicherungsgesellschaft, die Lawyer's Title Insurance Co., außerhalb ihres Heimatortes Richmond (Virginia) 36 Zweigniederlassungen, 193 Agenturen und mehr als 12 000 Vertragsanwälte tätig[36]).

Mit Sorge betrachtet das reguläre Titelversicherungsgewerbe das Geschäftsgebaren einiger Außenseiter, die seit einigen Jahren in verschiedenen Großstädten tätig sind und dank niedriger Prämiensätze eine gefährliche Konkurrenz darstellen. Ebenso wie die »curbstoners« des Lawyer's Opinion Systems[37]) vernachlässigen diese Versicherer die Titelprüfung. Sie verzichten auf kostspielige eigene title plants und begnügen sich mit Nachforschungen im staatlichen Deedsregister; falls der betreffende Titel schon einmal bei einer regulären Gesellschaft versichert war, übernehmen sie unbesehen deren Prüfungsergebnis. Da sie als Präventionsprinzip bewußt außer acht lassen, ist das Schadensrisiko dieser Außenseiter natürlich größer als das der herkömmlichen Titelversicherer. Vertreter der Rechtslehre[38]) warnen davor, die Titelversicherung ausschließlich unter dem schadensversicherungsrechtlichen Prinzip der Risikoübernahme zu betreiben. Ein vorgeschaltetes Prüfungsverfahren, das etwaige Rechtsmängel des Titels offenbare und dem Antragsteller Anlaß gebe, eine gerichtliche Titelbereinigung durchzuführen, sei im Interesse der Rechtssicherheit und eines stabilen Grundstücksmarktes unerläßlich. Anderenfalls müsse mit einem erheblichen Ansteigen der Schadensquote und letztlich mit einer entsprechenden Prämienerhöhung gerechnet werden.

In den Staaten Oregon und Washington hat der Gesetzgeber diesen Bedenken Rechnung getragen. Dort ist jede Titelversicherungsgesellschaft verpflichtet, in ihrer Hauptniederlassung eine vollständige title plant zu führen[39]). Diese Gesetze sind zugleich ein bezeichnendes Eingeständnis der Unzulänglichkeit des staatlichen Deedsregisterapparates.

Im übrigen unterliegen die Titelversicherer nur beschränkter staatlicher Aufsicht. Trotz ihrer faktischen Monopolstellung – in Kalifornien ist heute ein unversicherter Titel wertlos: unverkäuflich und nicht beleihbar[40]); in den städtischen Ballungsräumen New Yorks (New York City, Grafschaft Westchester, Nassau und Suffolk; hier wurden 1956 insgesamt 173 616 Policen aus-

---

[35]) Siehe »Computer Storage of Title Records offers solution to paperwork explosion«, 47 (1961/62) Iowa L. R. S. 382 f.
[36]) Johnstone S. 505 Anm. 52.
[37]) Siehe oben § 25 Anm. 43.
[38]) Siehe Johnstone S. 516.
[39]) Oregon Rev. Stat. § 748.084 (1955); Washington Rev. Code § 48.29 020 (Supp. 1956).
[40]) Goth S. 245, insbes. Anm. 63.

gestellt) werden Grundstücke im Wert von mehr als $ 50 000 bei Veräußerung oder Hypothekenaufnahme fast ausnahmslos versichert[41]) – begnügen sich die meisten Staaten mit Vorschriften zur Sicherung des Geschäftskapitals[42]). In New York ist auf Grund des Massenkonkurses der dortigen Titelversicherer während der Wirtschaftskrise die staatliche Überwachung etwas strikter[43]), aber nur Texas hat ein umfassendes Aufsichtsgesetz erlassen, das insbesondere die Genehmigungspflicht allgemeiner Titelversicherungsbedingungen sowie die Prämienfestsetzung durch eine staatliche Aufsichtsbehörde vorsieht[44]). Begründet werden diese Kontrollmaßnahmen mit der Bedeutung, die das Titelversicherungsgewerbe im öffentlichen Leben des Staates erlangt habe: es sei als »semi-public utility« anzusehen[45]). So heißt es in der Entscheidung Daniel/Tyrrell and Garth Inv. Co.[46]), die die Verfassungsmäßigkeit des Aufsichtsgesetzes bejaht: »... title insurance is a business of public interest, affected by public use; and, this being true, the Legislature has the power to provide reasonable rules and regulations governing its policy forms and rates ...«. Unter Berufung auf das texanische Gesetz fordert die Rechtslehre eine ähnlich umfassende öffentliche Kontrolle auch in den übrigen Bundesstaaten[47]). Warnend wird darauf hingewiesen, daß in jenen Staaten, in denen die Titelversicherer ein Monopol ausübten, die Auslegung und Fortbildung des Liegenschaftsrechts, insbesondere des materiellen Registerrechts, schon jetzt faktisch nicht mehr Sache unabhängiger Gerichte sei, sondern maßgeblich von den Geschäftsgebräuchen der Versicherungsgesellschaften beeinflußt werde[48]).

Die Titelversicherer sind ihrem erklärten Ziel, das traditionelle Lawyer's Opinion System vom Markt zu verdrängen[49]), in den letzten Jahrzehnten ein gutes Stück näher gekommen. Was 1926 noch Programm war, ist heute in den Westküstenstaaten und in vielen städtischen Ballungsräumen bereits Wirklichkeit. Die Lawyer's Opinion vermag sich heute nur noch auf dem Lande zu behaupten[50]). Den Titelversicherungsgesellschaften, die mit eigenen title plants operieren, gehört aber nach h. M. auch hier die Zukunft, falls der Anwaltsstand nicht umgehend energische Abwehrmaßnahmen einleitet[51]).

---

[41]) Nelson S. 623.

[42]) Z. B. Festsetzung des Mindestkapitals und der Rücklagenhöhe, vgl. Goth S. 246; Johnstone S. 510 f.

[43]) Siehe Johnstone S. 512; verboten ist dort z. B. die Garantieübernahme für Hypotheken, die für den Zusammenbruch der Titelversicherer maßgeblich verantwortlich war (New York Insurance Law §§ 432, 436).

[44]) Goth S. 246; Johnstone S. 512.

[45]) Goth S. 246.

[46]) 93 S.W. (2d) 372 (375) (Texas 1936).

[47]) Vgl. Goth S. 249/250; Nelson S. 625/626; Johnstone S. 517; Cushman S. 607 f.

[48]) Vgl. die Beispiele bei Goth S. 244/245 und Nelson S. 625.

[49]) Mit schöner Offenheit bekannte 1926 ein ehemaliger Präsident des amerikanischen Titelversicherungsverbandes: »We all know the goal which the title insurance section is trying to reach is to eliminate from the title business all the general practitioners of law. Let's get the money that they are getting and save the public from them. Then hire some good attorneys, pay them by the year and take the profit which they otherwise would make« (Payne, Crisis, S. 219 Anm. 13).

[50]) Johnstone S. 493, 515/516.

[51]) Haley S. 342; Payne, Crisis, S. 219; Nelson S. 625.

Nennenswerte Gegenwehr ist erst seit kurzem zu verzeichnen. So versuchen die Rechtsanwälte in Florida und Ohio, das Titelversicherungsgewerbe mit seinen eigenen Waffen zu schlagen, indem sie einen Garantiefonds unterhalten, der ihren Mandanten einen gleichwertigen Versicherungsschutz bietet[52]). Dieser sog. Lawyer's Title Guaranty Fund wurde 1947 in Florida und 1955 in Ohio in Form eines common law business trust fund begründet[53]). Von 15 gewählten Anwälten als trustees verwaltet, kann ihm jeder im Staate zugelassene Anwalt gegen einen einmaligen Aufnahmezuschuß von $ 150-200 als Mitglied (cestui que trust) beitreten. Jedes Mitglied hat Anspruch auf Versicherungsschutz für von ihm vorgenommene Grundstücksgeschäfte, sofern es 0,25% des Grundstückswertes oder Hypothekenbetrages in den Fonds einzahlt. Verluste werden anteilig getragen[54]). 1955 hatte der Florida trust fund 1 400 Mitglieder – neben dem eigentlichen Versicherungsgeschäft hat er zwei title plants errichtet und war an der Ausarbeitung von Title Standards beteiligt[55]).

Dem Anwaltsverein der kanadischen Provinz Ontario ist es auf andere Art gelungen, seinen gefährlichsten Konkurrenten, die title plant-Versicherungsgesellschaften, aus dem Geschäft zu verdrängen. Auf sein Betreiben ist dort seit 1956 jeder Titelversicherer verpflichtet, vor Policenausstellung das Gutachten eines unabhängigen, in der Provinz zugelassenen Anwalts einzuholen, der nicht Angestellter des Versicherers sein darf[56]).

Im übrigen sind die amerikanischen Anwaltskammern bestrebt, das Lawyer's Opinion System durch weiteren Ausbau der Title Standards auch für Kreditinstitute attraktiv zu gestalten[57]).

Außerhalb der USA ist die Titelversicherung in nennenswertem Umfang nur in Kanada verbreitet[56]); England kennt zwar als »contingency insurance« ein ähnliches Rechtsinstitut, von dem jedoch kaum Gebrauch gemacht wird[58]).

---

52) Vgl. Carter S. 481/482, 485.
53) Zur trust-Konstruktion siehe oben § 7 Anm. 19 und Text.
54) Nur bei Versicherungsansprüchen, die auf grobe Fahrlässigkeit eines Mitglieds zurückzuführen sind, wird das Kapitalkonto des betreffenden Mitglieds im Regreßwege belastet (Carter S. 484).
55) Nähere Einzelheiten siehe Carter S. 480 f.
56) Siehe Magwood S. 106.
57) Johnstone S. 504.
58) Vgl. »Insurance in Aid of Conveyancing«, 100 (1956) The Solicitors' Journal S. 139 f.

§ 27

3. Title Registration (Torrenssystem)

Angesichts des schwerfälligen Deedsregisterapparates schien der Erfolg der ersten u.s.-amerikanischen Torrensgesetze, die 1895 in Illinois und 1896 in Ohio erlassen wurden[1]), gesichert zu sein. Dogmatisch entsprachen sie den australischen Vorbildern. Es fehlte jedoch jeglicher Grundbuchzwang; die Buchung war, wie in den frühen englischen Grundbuchgesetzen, gänzlich freiwillig. Ungebuchte Grundstücke blieben weiterhin der Deeds Registration unterworfen.

Beide Gesetze wurden jedoch schon ein Jahr nach ihrer Verkündung für verfassungswidrig erklärt. Im Falle People/Chase[2]) entschied der Oberste Gerichtshof des Staates Illinois, daß das dortige Torrensgesetz wegen Verstoßes gegen das Gewaltenteilungsprinzip nichtig sei. Als Verwaltungsbeamter übe der Grundbuchführer bei der Buchung richterliche Funktionen aus, da er nach dem Gesetz über die Rechtsbeständigkeit der angemeldeten Liegenschaftsrechte zu befinden habe. Die Verfassungswidrigkeit des Ohio-Gesetzes wurde in der Entscheidung State/Guilbert[3]) ausgesprochen. Nach Ansicht des Gerichts verstieß dieses Gesetz gegen die »due process« Klausel der amerikanischen Verfassung[4]), da dritte Personen, die im Buchungsverfahren nicht geladen werden, die ihre Rechte daher nicht anmelden können und damit verlieren, ohne rechtliches Gehör enteignet würden.

Beide Staaten ersetzten nun das beanstandete, zügige, summarische Buchungsverfahren durch ein verfassungskonformes, gründliches, streitiges Gerichtsverfahren, das von allen späteren amerikanischen Torrensgesetzen übernommen wurde. Der Sache nach handelt es sich um einen in die Zuständigkeit der equity-Gerichte fallenden Chancery-Prozeß, der der oben besprochenen »action to quiet title« ähnelt. Der Eigentümer, der sein Grundstück buchen lassen will, muß Klage »against all the world« bzw. »against all whom it may concern« auf Feststellung seines Titels erheben[5]). Der weitere Ablauf des umständlichen, förmlichen und kostspieligen Verfahrens sei an Hand des New Yorker Torrensgesetzes von 1908[6]) geschildert:

Der Kläger muß einem vom Gericht bestellten »official examiner« einen vollständigen abstract of title vorlegen, der als Grundlage für eine eingehende Titelüberprüfung dient. Bei positivem Ausfall wird das Grundstück von einem weiteren Sachverständigen vermessen. Der Kläger muß dann die förmliche Ladung aller ihm bekannten Personen betreiben, die Rechte am Grundstück geltend machen könnten. Unbekannte Personen werden öffentlich

---

[1]) Ill. Laws 1895, p. 107; Ohio Laws 1896, p. 220.
[2]) 46 N.E. 454 (1896).
[3]) 47 N.E. 551 (1897).
[4]) Art. 2 Abs. 2: »No person shall be deprived of life, liberty or property without due process of law«.
[5]) The Torrens System in Illinois, 45 (1950) North-Western University Law Journal S. 500 f. (502); Quinn S. 231 Anm. 4, 289, 302.
[6]) New York Laws 1908, c. 444.

geladen, Klagbegehren und Ladung sind u. a. »gut sichtbar« auf dem Grundstück auszuhängen. Nach einer Vierzigtagesfrist wird Termin zur mündlichen Verhandlung anberaumt. Erfolgen keine Einwendungen, so wird dem Kläger durch Urteil der begehrte Titel zugesprochen – ggf. eingeschränkt durch die im Laufe des Verfahrens festgestellten Belastungen. Erst jetzt wird der Grundbuchführer tätig. Er stellt an Hand des Urteils ein Zertifikat aus, das nach dem Realfoliumsprinzip ins Grundbuch eingeordnet wird. Ein Zertifikatsdoppel wird, wie in Australien, dem Rechtsinhaber ausgehändigt. Das weitere Verfahren, insbesondere die Übertragung und Belastung gebuchter Rechte, ist reine Verwaltungstätigkeit, es wird von den Deedsregisterämtern, die in der Regel auch für die Grundbuchführung zuständig sind[7]), wahrgenommen und entspricht dem australischen Verfahren[8]).

Alle Grundstücksrechte, die nicht im Zertifikat vermerkt sind, etwa weil der Inhaber es versäumt hat, sein Recht im Prozeß anzumelden, können unbeschadet der Rechte gutgläubiger Dritter binnen einer Verschweigungsfrist nach Urteilsverkündung angemeldet werden, danach erlöschen sie (z. B. Colorado: 90 Tage; Minnesota: 6 Monate; Illinois: 2 Jahre)[9]). Lediglich die Rechte jener Grundstücksbesitzer, die im Buchungsverfahren nicht geladen wurden, können aus Verfassungsgründen auch gegenüber gutgläubigen Dritten unbefristet geltend gemacht werden[10]). Bestimmte Rechte sind nicht eintragungsbedürftig, sie sind – wie die englischen »overriding interests«[11]) – auch außerhalb des Grundbuchs wirksam. Zu ihnen zählen in der Regel kurzfristige Mietverträge, Bauhandwerkerhypotheken, fällige Grundsteuern, Wegerechte und Rechte der Vereinigten Staaten. Die Ersitzung eines gebuchten Rechts (adverse possession) ist jedoch überall ausgeschlossen[12]). Ähnlich wie in Australien wurde auch in den USA im Laufe der Zeit die Konzeption eines »unanfechtbaren Titels« zugunsten des materiellen Konsensprinzips aufgegeben[13]). Der Schutz gutgläubiger Dritter i. S. des materiellen Publizitätsprinzips ist – von den eben erwähnten Ausnahmen abgesehen – in allen Torrensgesetzen lückenlos durchgeführt[14]). Entsprechend dem australischen Vorbild besteht in allen Bundesstaaten, die Torrensgesetze verabschiedet haben, ein Versiche-

---

[7]) Quinn S. 249/251; Bordwell, Resurrection, S. 479.

[8]) Es gilt namentlich auch das Legalitätsprinzip: The Torrens System in Illinois S. 503; Patton, Registration, S. 524.

[9]) 68 Yale L. J. S. 1252 Anm. 37.

[10]) Follette/Pac. Lt. & Power Corp. (Cal.) 208 Pac. 295 (1922); State/Westfall (Minn.) 89 N. W. 175 (1902); Chicago Title and Trust Co./Darley (Ill.) 1 N. E. (2d) 846 (1936).

[11]) Siehe oben § 11 Anm. 79.

[12]) Nur Nebraska kannte eine zehnjährige Ersitzung (Staples S. 215).

[13]) Siehe oben § 14; nach dem ersten Torrensgesetz des Staates Minnesota (Minn. Laws 1901 ch. 237) hatte nur die Eintragung konstitutive Kraft, die zugrundeliegende Parteivereinbarung war materiellrechtlich bedeutungslos. Aber schon 1906 ließ die Rechtsprechung vorbehaltlich der Rechte gutgläubiger Dritter zugunsten des Geschädigten eine Berichtigung zu, sofern die Eintragung durch Betrug zustande gekommen war (Baart/Martin [Minn.] 108 N. W. 945 [1906]). Heute ist allgemein anerkannt, daß die Eintragung allein einen Rechtsübergang nicht bewirken kann (Staples S. 215).

[14]) 68 Yale L. J. S. 1310 Anm. 296; vgl. auch Eliason/Wilborn 281 U. S. 457 (1930).

rungsfonds, der aus Beiträgen der buchenden Grundstücksinhaber gespeist wird (einmaliger Beitrag in Höhe von 0,1% des Grundstücksverkehrswerts bei Anlegung des Grundbuchblatts). Er dient der Entschädigung dritter Personen, die bei der Buchung oder bei späteren Grundbuchtransaktionen ohne eigenes Verschulden Verluste erlitten haben. In Übereinstimmung mit dem englischen und australischen Recht gewähren die Torrensgesetze auch bei nicht schuldhaftem Verhalten des Grundbuchbeamten Schadensersatz. Die Haftung des Entschädigungsfonds ist subsidiär entsprechend § 839 Abs. 1 S. 2 BGB. Da die Fonds nur selten in Anspruch genommen werden, haben sie in vielen Staaten einen ansehnlichen Umfang erreicht[15])[16]).

Was schließlich die Höhe der Gebühren und Kosten in Grundbuchsachen anbelangt, so ist zwischen Buchungen und späteren Verfügungen über gebuchte Rechte zu unterscheiden. Während für letztere nur eine nominelle Gebühr erhoben wird (z. B. in New York $ 6, in Illinois $ 5)[17]), liegen die Buchungskosten infolge des langwierigen Anlegeverfahrens wesentlich höher. Je nach Grundstückswert belaufen sie sich in den meisten Staaten auf $ 75-130, in Massachusetts sogar auf $ 220-3 000 bei einem Grundstückswert von $ 400 000[18]). Diese Kosten, die der buchungswillige Grundeigentümer in der Regel allein trägt, schließen sich auf in: Gerichtsgebühren, Gebühren für den »Official Examiner of Title«, Vermessungsgebühren, Anwaltskosten und Beitrag zum Versicherungsfonds[19]).

Nach dieser Darstellung der Grundzüge der u.s.-amerikanischen Torrensgesetze bleibt abschließend zu untersuchen, inwieweit sich dieses Grundbuchsystem in den Vereinigten Staaten durchgesetzt hat. Im Anschluß an das erste verfassungskonforme Illinois-Torrensgesetz aus dem Jahre 1897 wurden bis 1917 in insgesamt 18 Bundesstaaten sowie im damaligen Territorium Hawaii, in den amerikanischen Besitzungen Guam, Puerto Rico und auf den Philippinen Torrensgesetze erlassen[20]). Mit Ausnahme Hawaiis, wo für Handelsgesellschaften Grundbuchzwang besteht, ist die Buchung in allen Staaten freiwillig[21]). Bis 1922 wurden in den meisten Bundesstaaten weniger als 1% aller Liegenschaftsverfügungen grundbuchlich abgewickelt, nur in Ohio und Minnesota war ein Anteil von 1¼ bzw. 2% zu verzeichnen[22]). Diese Relation zwischen Deedsregister- und Grundbuchverfügungen änderte sich in der Folge-

---

15) Vgl. zu Vorstehendem Cushman S. 600/601; Patton, Registration, S. 530; The Torrens System in Illinois, S. 505; Ruoff S. 32 f. und 101.

16) In Illinois, Nord-Karolina und Massachusetts besteht überdies eine mittelbare Staatshaftung: dort ist eine staatliche Nachschußpflicht im Falle einer Erschöpfung des Fonds vorgesehen (Cushman S. 601).

17) N. Y. Real Property Law § 432 (d); Ill. Rev. Stat. c. 30 § 103 (1949).

18) Powell § 922, S. 315/316; The Torrens System in Illinois, S. 507; Heinrich S. 332, 333 Anm. 49.

19) Vgl. N. Y. Real Property Law §§ 381, 426, 432 und Nelson S. 620.

20) Im einzelnen aufgeführt bei Powell § 921; Thompson Kap. 55, § 4405; Heinrich S. 325 Anm. 13.

21) Nelson S. 622; Cushman S. 604; Patton, Registration, S. 525. Ein sehr begrenzter Buchungszwang herrscht in den Städten Chicago und Minneapolis: dort ist die Stadt verpflichtet, erworbene Grundstücke buchen zu lassen (Patton aaO.).

22) Siehe Statistik bei Bordwell, Registration, S. 129/130.

zeit nur unwesentlich: in einzelnen Staaten bildeten sich lediglich einige Schwerpunkte, die eine etwas regere Grundbuchtätigkeit aufwiesen. So waren bis November 1923 in Cook County (Chicago), Illinois – der einzigen Grafschaft dieses Staates, die von der Ermächtigung, ein Grundbuch einzurichten, Gebrauch gemacht hatte – 14 175 Buchungsverfahren durchgeführt worden: $^1/_5$ aller Chicagoer Grundstücke im Werte von $ 5–600 Millionen waren damals gebucht. Suffolk County (Boston), Massachusetts, hatte bis zu diesem Zeitpunkt 9 177 Buchungsverfahren zu verzeichnen, der Anteil der grundbuchlich vorgenommenen Verfügungen war hier jedoch seit 1913 von 10 auf $7^1/_2$% zurückgegangen. Zu nennen sind schließlich noch die Städte Duluth, St. Paul und Minneapolis in Minnesota (in Minneapolis, das halb so groß ist wie Boston, wurden von 1901-1923 2 550 Grundstücke gebucht), Cleveland (Ohio) und die Grafschaften im Bereich der Stadt Los Angeles (Kalifornien). 10% des Stadtgebiets von Los Angeles waren bis 1923 im Grundbuch eingetragen, im Januar 1937 waren in dieser Grafschaft insgesamt 10 000 Parzellen gebucht[23]).

In den deißiger Jahren war ein geringer Aufschwung festzustellen: 1937 hatte das Grundbuchsystem mit etwa 70 000 Buchungen in den gesamten USA seine bisher größte Ausdehnung erlangt[24]). Seitdem ist die Bewegung ständig rückläufig. Bis 1955 hatten acht Unionsstaaten ihre Torrensgesetze wiederaufgehoben, unter anderem auch Kalifornien, dessen bisherige Grundbuch-»Hochburg« Los Angeles damit wieder allein auf das Deedsregistersystem nebst Lawyer's Opinion und Titelversicherung angewiesen ist (Süd-Karolina, Mississippi, Tennessee, Utha, Nord-Dakota, Süd-Dakota, Nebraska, Kalifornien)[25]).

Heute ist eine Torrensbuchung nur noch in den Staaten Colorado, Georgia, Nord-Karolina, Oregon, Virginia, Washington, New York, Illinois, Massachusetts, Minnesota, Ohio und Hawaii möglich[25]). Zu bedenken ist dabei, daß das Grundbuch im Liegenschaftsverkehr der ersten 7 genannten Staaten eine ganz unbedeutende Rolle spielt. So wurden in der Stadt New York, die insoweit wieder als typisches Beispiel dienen kann, von 1908 – dem Zeitpunkt des Inkrafttretens des dortigen Gesetzes – bis 1923 nur 41 Buchungen vorgenommen[26]), bis 1938 hatte sich diese Zahl auf 330 erhöht. Da in den folgenden 20 Jahren lediglich 12 Titel neu eingetragen wurden, waren 1958 in New York nur 350 Buchungen, die insgesamt 3 000 Parzellen umfassen, zu verzeichnen. Dieser Bestand entfällt überwiegend auf eine Wohnungsbaugesellschaft, die in den dreißiger Jahren ein größeres Baugelände parzellieren und buchen ließ[27]).

Eine nennenswerte Bedeutung hat das Grundbuchwesen heute nur noch in den traditionellen »Torrenszentren« Chicago (Illinois), Duluth, St. Paul und Minneapolis (Minnesota) sowie auf Hawaii und den ehemals amerika-

---

[23]) Bordwell, Registration, S. 131/133.
[24]) Fairchild-Springer S. 573/574.
[25]) Johnstone S. 514.
[26]) Bordwell, Registration, S. 127.
[27]) Nelson S. 619/620.

nischen Philippinen. Zwischen 1941 und 1950 wurden in Chicago 3028 Titel neugebucht[28]), so daß dort heute insgesamt 26000 Titel (= 17-20% des Stadtgebiets) dem Grundbuch unterworfen sind[29]). Massachusetts hatte 1950 – hauptsächlich in Boston – 22659 Buchungen zu verzeichnen; der jährliche Buchungszuwachs in Duluth, St. Paul und Minneapolis betrug von 1941–1950 40-862 Parzellen pro Stadt. Neben den ehemals amerikanischen Philippinen, deren Grundstücke überwiegend grundbuchlich erfaßt sind, nimmt das frühere Territorium Hawaii – heute US-Bundesstaat – eine Sonderstellung ein. Dort sind die Grundstücke der Hauptinsel Oahu (Honolulu) bereits mehr als zur Hälfte torrensgebucht[30]).

---

28) Nelson S. 620 Anm. 22.
29) The Torrens System in Illinois, S. 501.
30) Patton, The Extension of the Torrens System, S. 222/223.

§ 28

C. RECHTSVERGLEICHUNG UND KRITIK

Die Länderberichte zeigen, daß sich die anglo-amerikanischen und deutschen Registersysteme übereinstimmend in ihrem geschichtlichen und heutigen Bestand in eine der drei Stufen Beweisregister – Transkriptionsregister – Grundbuch einordnen lassen.

Charakteristisch für das heutige anglo-amerikanische Recht ist der Gegensatz zwischen Registersystemen verschiedener Stufen – der Deeds Registration und der Title Registration, dem Transkriptionsregister und dem Grundbuch[1]). Atypische Ausgestaltungen des jeweiligen Systems, wie die englischen Land Charges Register, die grundbuchähnlichen schottischen und südafrikanischen Deedsregister sowie die »Certification of Title Acts« haben nur eine untergeordnete, regionale Bedeutung und keinerlei Aussicht, von anderen Staaten übernommen zu werden.

Besonders scharf ist die Rivalität zwischen Deeds Registration und Title Registration in Ländern, die beide Systeme nebeneinander verwenden. Im folgenden ist daher zu prüfen, ob und inwieweit die beiden Systeme den Anforderungen eines leistungsfähigen Grundregisterapparats genügen.

§ 29

I Transkriptionsregister – Deeds Registration

Noch im frühen und mittleren 19. Jahrhundert, als in den USA Veräußerungen und Beleihungen selten vorgenommen wurden, die Titelketten kurz waren und das Register hauptsächlich Beweissicherungszwecken diente, arbeitete dieses System zufriedenstellend. Die Länderberichte lassen jedoch zwei entscheidende funktionelle Mängel erkennen, die seine Eignung für den heutigen, intensiven Grundstücksverkehr ausschließen:

1. Der Erwerber muß eine unzumutbar lange Titelkette überprüfen.
2. Er kann nicht auf die Richtigkeit der Registereintragung vertrauen, da ein Gutglaubensschutz i.S. § 892 BGB fehlt: das Transkriptionssystem kennt einen Gutglaubensschutz nur bei der Vorrangfrage zweier sich widersprechender, gültiger Verfügungen. Insoweit kommt überdies in allen U.S.-Bundesstaaten – mit Ausnahme Louisianas und Nord-Karolinas – als dritter Mangel die Rechtsunsicherheit hinzu, die sich aus der von den Gerichten praktizierten extensiven Auslegung der Doctrine of Notice ergibt. Die beiden erstgenannten Mängel wiegen jedoch so schwer, daß auch die Registergesetze Louisianas und Nord-Karolinas unbrauchbar erscheinen. Das beweisen namentlich die schlechten Erfahrungen, die man mit dem vergleichbaren englischen Land Charges

---

[1]) Im Jahre 1919 beherrschte die Deeds Registration, grob geschätzt, 2/3, die Title Registration 1/3 des anglo-amerikanischen Grundstücksverkehrs (oben § 6 Anm. 35).

Register – das die Anwendung der Doctrine of Notice ebenfalls ausschließt – gemacht hat[2]). In den Vereinigten Staaten gesellt sich schließlich zu den dogmatischen Schwächen des Transkriptionssystems der völlig unzulängliche technische Apparat.

Titelschutzgesetze (Curative Statutes, Statutes of Limitation, Marketable Title Acts, Quieting Title Acts) und kommerzieller Titelschutz (Lawyer's Opinion, Title Standards, Titelversicherung) können auch in verbesserter Form nur zeitweilig Abhilfe schaffen, sie vermögen die Leistungsfähigkeit der Deeds Registration nicht auf Dauer zu sichern[3]). Titelversicherer, Abstractorgesellschaften und Anwälte sind zwar in der Lage, private Register nach Realfoliumsgrundsätzen anzulegen und Grundstücke zu vermessen. Da aber insoweit bereits angelegte staatliche Register kopiert werden müssen und diese Arbeit überdies regelmäßig von mehreren Konkurrenzunternehmen gleichzeitig durchgeführt wird[4]), ist der finanzielle Aufwand volkswirtschaftlich nicht zu vertreten. Selbst wenn man, einem kühnen Vorschlag Johnstones folgend[5]), die staatlichen Registerämter ganz auflöste und die Registrierungs- und Vermessungsarbeiten – unter wirksamer staatlicher Aufsicht – allein den Titelversicherungs- und Abstractorgesellschaften überließe, blieben zwei gewichtige Einwände bestehen:

1. Der kommerzielle Titelschutz kann einem gutgläubigen Erwerber nicht den ungestörten Rechtsgenuß, sondern lediglich finanzielle Entschädigung garantieren.
2. Die erwähnten Gesetze eliminieren die Titelprüffristen nicht vollständig, sie kürzen sie lediglich ab.

Diese Mängel, die einem Transkriptionssystem zwingend anhaften, lassen aber den Johnstone'-schen Reformvorschlag als Dauerlösung untragbar erscheinen.

Das Transkriptionssystem ist mithin für den gesteigerten Grundstücksverkehr eines modernen Staates ungeeignet[6]).

§ 30

II Grundbuch – Title Registration

Nur ein Grundbuchsystem kann die oben genannten Mängel in vollem Umfang ausschalten. Denn durch den Eintragungsgrundsatz in Verbindung mit dem materiellen Publizitätsprinzip wird nicht nur die Titelprüfung ent-

---

[2]) Wade S. 227 und oben § 12.

[3]) Schon 1929 kam der Volkswirtschaftler Viele zu dem Schluß, daß die Titelversicherung im modernen Grundstücksverkehr nicht Dauerinstitution sein könne, sondern lediglich geeignet sei, den Übergang vom Transkriptionsregister zu einem leistungsfähigen Grundbuch zu erleichtern (S. 432).

[4]) Oben § 18 Anm. 44, 45; § 25 Anm. 37 und Text.

[5]) S. 518.

[6]) Das wird auch in der amerikanischen Literatur nicht mehr ernsthaft bestritten, vgl. statt aller Payne, Crisis, S. 214/215, insbes. Anm. 1.

behrlich, es werden darüber hinaus auch gutgläubige Erwerber vor einem Rechtsverlust geschützt. Alle Vorrangprobleme, die sich bei der Deeds Registration ergeben, sind damit gegenstandslos, der Titelschutz wird überflüssig. Selbst die amerikanischen Grundbuchgegner, die für eine Beibehaltung der Deeds Registration eintreten, geben das ungewollt zu. Denn ihre Reformvorschläge, mit denen sie das Transkriptionsregister den Erfordernissen des heutigen Grundstücksverkehrs anpassen wollen – z. B. Eintragungszwang, Vermutung der Richtigkeit eingetragener Tatsachen, weitere Verkürzung der Titelprüffristen, Realfolium, Verbesserung des action to quiet title-Verfahrens[7]) – sind nichts anderes als Einzelprinzipien eines Grundbuchsystems.

Dieser Umstand gestattet jedoch nicht den Schluß, daß allein dem Grundbuchsystem die Zukunft gehören wird. Eine derart optimistische Prognose ist angesichts des gegenwärtigen Stands des Grundbuchwesens in den Vergleichsländern nicht gerechtfertigt. Zwar ist die Buchanlegung in Deutschland, einigen australischen und kanadischen Bundesstaaten sowie in Neuseeland vollständig bzw. nahezu abgeschlossen. Zwar hat das Grundbuchwesen in England – obwohl die meisten Grundstücke noch ungebucht sind – einen sicheren Ansatz zu einer erfolgreichen Entwicklung gefunden. In Neu-Süd Wales, dem bedeutendsten australischen Bundesstaat, gehen die freiwilligen Buchungen jedoch seit 1939 ständig zurück[8]) und der Erfolg, der der Grundbuchbewegung in den Vereinigten Staaten – mit Ausnahme des Staates Hawaii sowie einiger Städte – beschieden war, ist kaum nennenswert. Dabei ist besonders auffällig, daß sachverständige Beobachter einerseits darin übereinstimmen, daß das u.s.-amerikanische Deeds Registration-Verfahren bald unter seinem eigenen Gewicht zusammenbrechen wird, falls keine Reformen erfolgen[9]) – so spricht die American Bar Association in einem Bericht aus dem Jahre 1953 offen aus, »es bedürfe keiner näheren Begründung, daß das gegenwärtig herrschende System den Anforderungen der modernen Gesellschaft in keiner Weise gewachsen ist«[9]) andererseits aber nach Meinung des neueren Schrifttums auch keinerlei Aussichten vorhanden sind, daß die Torrensbewegung in naher Zukunft an Bedeutung gewinnen könnte[10]).

Angesichts der funktionellen Überlegenheit des Grundbuchwesens erstaunen diese Widersprüche und die Diskrepanzen zwischen den einzelnen Vergleichsländern namentlich den deutschen Juristen, der die Vorzüge des heimischen Buchwesens aus eigener Anschauung kennt. Ziel der nachfolgenden Untersuchung soll daher nicht nur die Ermittlung derjenigen nationalen Grundbuchordnung bzw. derjenigen Kombination verschiedener nationaler Systeme sein, die den Anforderungen des heutigen Grundstücksverkehrs am besten entspricht. Die Gegenüberstellung der in den Länderberichten dargestellten charakteristischen Merkmale des deutschen Grundbuchrechts, der englischen

---

7) So Simes S. XVII; Powell, zitiert bei McDougal, Brabner-Smith S. 1149; Bordwell, Resurrection, S. 487/488.

8) Baalman, zitiert in »Registration of Title in New South Wales« S. 130.

9) Vgl. Payne, Crisis, S. 214/215.

10) Vgl. Johnstone S. 514; 68 Yale L. J. S. 1316 Anm. 316; Powell S. 316/317; Payne, Crisis, S. 217.

Land Registration sowie der australischen und u.s.-amerikanischen Torrenssysteme soll vielmehr auch darüber Aufschluß geben, worauf der unterschiedliche Entwicklungsstand des Grundbuchwesens in den einzelnen Vergleichsländern zurückzuführen ist.

Die nationalen Regelungen und Gegebenheiten, auf die nun kritisch-vergleichend einzugehen sein wird, lassen sich in fünf Gruppen einteilen:

1. Geschichtliche Entwicklung
2. Gesetzesstil
3. Dogmatische Grundprinzipien
4. Grundbuchamtsorganisation
5. Grundbuchanlegung

§ 31

1. Geschichtliche Entwicklung

Betrachtet man die Geschichte des Registerrechts in den vier Vergleichsländern, so fällt zunächst auf, daß drei – nämlich Deutschland, England und Australien – eine Entwicklung zu verzeichnen haben, die bis heute – wenn auch aus ganz unterschiedlichen Gründen – im wesentlichen gleichartig verlaufen ist.

In Deutschland und England war die Publizität des Grundstücksverkehrs ein fester Bestandteil des früh-mittelalterlichen Rechts (Shire-Boc, feoffment with livery of seisin, Scheinprozeß, Investitur und Sale, Schreinsbücher). Beide Länder erlebten im 15. und 16. Jahrhundert einen Rückschlag, der in England zur vollständigen und bei uns zur weitgehenden Anonymität der Grundstücksverfügungen führte (verantwortlich waren dafür in England die Härten des Feudalrechts, die man mit Hilfe der equity-Rechtsprechung abschüttelte sowie finanzielle Interessen der Anwälte und Großgrundbesitzer – in Deutschland die Rezeption des römischen Rechts). In beiden Ländern war seit dem späten 17. Jahrhundert (in der Folgezeit auch in Australien) eine Wiederbelebung des Publizitätsgedankens zu verzeichnen – eine Entwicklung, die über Registerzwischenstufen bei uns zur umfassenden, in Australien zur weitgehenden Grundbuchanlegung und in England immerhin zu festen Ansätzen eines erfolgreichen Buchsystems geführt hat. In Deutschland, England und Australien wurden schließlich die entscheidenden Impulse, die dem Grundbuchgedanken zum Sieg verhelfen sollten, im 19. Jahrhundert gesetzt. In England waren politische Motive – die Entmachtung des Großgrundbesitzes – sowie der Umstand, daß außerhalb von Yorkshire und Middlesex keinerlei Register bestanden, maßgebend. Treibende Kräfte in Deutschland, das die Bodenbefreiung damals schon durchgeführt hatte, waren Hebung des Realkredits sowie das Bestreben, die verschiedenen Registersysteme des Reiches zu vereinheitlichen. Australien verdankt sein Grundbuch Sir Robert Torrens' ungewöhnlicher Zielstrebigkeit und dem schlechten Zustand des dortigen Deedsregisterapparates.

Wendet man sich nun der u.s.-amerikanischen Entwicklung zu, so wird die Bedeutung dieser Triebkräfte besonders augenfällig. Denn der Publizitätsgedanke, der auch dort im 17. Jahrhundert zu wirken begann, konnte nicht zu einem Grundbuchsystem führen, sondern mußte zunächst auf der Transkriptionsregisterstufe erstarren, weil es im 19. Jahrhundert an den entscheidenden Anregungen gefehlt hat, die eine Fortentwicklung hätten fördern können.

Die Frage der Bodenbefreiung, die Richard Cobden, Jeremy Bentham und John Stuart Mill in England durch Mobilisierung des Grundstückshandels mittels eines allgemeinen Grundbuchs lösen wollten, stellte sich in den USA nicht. Denn wegen der ganz andersartigen soziologischen Struktur der Einwandererbevölkerung, die aus einfachen Kreisen stammte – nicht selten waren es ehemalige englische Leibeigene[1]) – gab es weder Großgrundbesitz noch die

---

[1]) Siehe oben § 15 am Anfang.

damit verbundene Bodenkonzentration. Nährboden für eine politisch motivierte Grundbuchbewegung war demnach nicht vorhanden. Darüber hinaus war zunächst der Anreiz gering, den Bodenkredit zu fördern. Denn anders als im landarmen Deutschland, dessen Kleinbauern schon damals auf eine hypothekarische Beleihung ihrer Grundstücke angewiesen waren, hatte der Realkredit in den USA wenig Bedeutung. Land, die wichtigste Erwerbsquelle, war auf dem dünnbesiedelten, in weiten Teilen kaum erschlossenen Kontinent keine Mangelware und war daher – außer in Städten – kein geeignetes Beleihungsobjekt. Für den damals bescheidenen städtischen Hypothekenmarkt waren aber die Deedsregister ausreichend.

Weiterhin ist zu bedenken, daß alle Bundesstaaten einen einheitlichen, zum Teil mehr als 200 Jahre alten Deedsregisterapparat besaßen. Die dringende Notwendigkeit, erstmalig irgendein Register einzurichten, die den Grundbuchgedanken in England sehr gefördert hat, entfiel daher ebenso wie der Anreiz, verschiedene nationale Registersysteme durch ein einheitliches Grundbuch zu ersetzen, der in Deutschland bestimmend gewesen ist. Es fragte sich lediglich, ob ein fest etabliertes, der Bevölkerung wohl vertrautes Deedsregister, das überdies im frühen und mittleren 19. Jahrhundert durchaus noch seinen Zweck erfüllte[2]), durch ein unbekanntes, kostspieliges Grundbuchsystem zu ersetzen sei. Es versteht sich, daß unter diesen Umständen einer grundbuchfreundlichen Reformbewegung kein Erfolg beschieden sein konnte. Schließlich fehlte in den USA eine überragende Persönlichkeit, die es, wie Sir Robert Torrens in Australien, vermocht hätte, allem Widerstand zum Trotz eine Grundbuchreform durchzuführen.

Nur so ist es zu erklären, daß im Jahre 1895, als der erste U.S.-Bundesstaat ein Grundbuchgesetz ausarbeitete, Australien und England bereits auf eine 37 bzw. 33jährige Grundbuchpraxis zurückblicken konnten, während es in Deutschland zu diesem Zeitpunkt als selbstverständlich hingenommen wurde, daß die Rechtsvereinheitlichung auf der Basis des Grundbuchsystems, das schon seit Jahrzehnten in weiten Teilen des Reiches eingeführt war, erfolgen müsse[3]).

Das Fehlen jeglicher Triebkräfte, die im frühen und mittleren 19. Jahrhundert den Grundbuchgedanken hätten fördern können, ist mithin entscheidender Grund für die Verzögerung, mit der das Grundbuchsystem in den Vereinigten Staaten Fuß gefaßt hat.

---

[2]) Patton, Registration, S. 521/522.
[3]) Vgl. gutachtliche Äußerungen in den Mot. Bd. 3, S. 8.

§ 32

2. Gesetzesstil

Eine vergleichende Betrachtung der einzelnen Grundbuchkodifikationen läßt zunächst erhebliche Unterschiede im formalen Gesetzesaufbau zwischen Australien und den übrigen Vergleichsländern erkennen. In Deutschland sind materielles und formelles Grundbuchrecht weitgehend getrennt und die vielfältigen Einzelheiten systematisch in BGB und GBO geordnet. Der englische Gesetzgeber ist entsprechend verfahren, indem er das materielle Recht im Land Registration Act, das formelle Recht in den Land Registration Rules übersichtlich zusammengefaßt hat. Auch die amerikanischen Torrensgesetze sind insoweit nicht zu beanstanden. Obskur und unübersichtlich sind lediglich Sprache und Aufbau der australischen Statutes[1]).

Diese Diskrepanz ist nicht allein auf die bisweilen umständliche und verwirrende kasuistische Ordnungsmethode des anglo-amerikanischen Gesetzgebers zurückzuführen. Entscheidender Grund ist vielmehr, daß Sir Robert Torrens kein Jurist war und daß der australische Gesetzgeber es allein der Rechtsprechung überlassen hat, die Mängel der ursprünglichen Grundbuchgesetze zu korrigieren. Die Erfahrung zeigt, daß sich diese legislatorischen Versäumnisse lähmend auf die australische Grundbuchpraxis auswirken[2]). Baalman, der führende australische Grundbuchexperte, sah sich in bezug auf die Torrensgesetze zu der Feststellung veranlaßt: »It would be difficult to find a field of Statute Law in the interpretation of which so many learned judges have thought that so many other learned judges were wrong«[1]) – ein anschauliches Beispiel für die praktische Bedeutung einer gediegenen gesetzgeberischen Form und Technik. Andererseits läßt sich sicherlich sagen, daß die abstrakte Fassung, klare Gliederung und knappe, begriffsscharfe Sprache des BGB und der GBO die Funktionsfähigkeit unseres Grundbuchapparates in nicht unerheblichem Maße gefördert haben[3]).

3. Dogmatische Grundprinzipien

Die folgende kritisch-vergleichende Untersuchung wird sich im Interesse einer Stoffbeschränkung nur auf diejenigen dogmatischen Fragen beziehen, die die Struktur des jeweiligen Grundbuchrechts entscheidend beeinflussen. Herangezogen werden daher lediglich die Ausgestaltung der beiden wichtigsten, unentbehrlichen Grundbuchprinzipien – materieller Eintragungs- und Publizitätsgrundsatz – sowie Legalitäts- und Entschädigungsprinzip.

---

[1]) Oben §14 Anm. 13.
[2]) Vgl. die in § 14 Anm. 13 zitierten Autoren sowie die instruktiven Beispiele Harrisons (S. 206 f.).
[3]) Vgl. Schneider S. 1273 f.; insbes. S. 1276/1277.

§ 33

a) Materielles Eintragungsprinzip

aa) Private Rechte

aaa) Zunächst fällt auf, daß alle anglo-amerikanischen Grundbuchgesetze im Gegensatz zum deutschen Recht weitgehende Ausnahmen vom Eintragungszwang vorsehen, indem sie bestimmten privaten Rechten auch ohne Eintragung Wirksamkeit gegen jedermann verleihen[1]).

Der lückenhaft durchgeführte Eintragungsgrundsatz stößt in der Rechtslehre der Vergleichsländer auf einmütige Kritik. In den USA[2]) weist namentlich Payne darauf hin, daß die Titelrückführung auf die Verleihurkunde im Deedsregister prinzipiell noch solange erforderlich sein wird, wie an der überlebten Doktrin der Kronimmunität[3]) festgehalten wird. Powell[4]) meint, die Rechtsunsicherheit, die unvermeidliche Folge eines nur beschränkten Eintragungszwanges sei, habe manchen Grundeigentümer von der geplanten Buchung abgehalten und sich somit hemmend auf die amerikanische Grundbuchentwicklung ausgewirkt. Harrison[5]) und Ruoff[6]) führen aus, daß die Durchlöcherung des Eintragungsgrundsatzes in den australischen Bundesstaaten Süd-Australien, Neu-Süd Wales, Viktoria und West-Australien, insbesondere durch die in den meisten Staaten zulässige Kontratabularersitzung[7]), das Vertrauen der Bevölkerung in die Sicherheit des Torrenssystems beeinträchtigt hätten. In einem Untersuchungsbericht, der 1951 vor Einführung des Buchungszwangs in der Grafschaft Surrey angefertigt wurde[8]) und der sich ausführlich mit der Struktur des englischen Grundbuchrechts befaßt, wird schließlich betont, daß die Existenz ungebuchter »overriding interests«[9]) der am schwersten wiegende Mangel des derzeitigen englischen Land Registration Act sei.

Die hier geübte Kritik ist berechtigt, denn der öffentliche Glaube des Grundbuchs versagt in dem Maße, in dem Ausnahmen vom Eintragungsgrundsatz zugelassen werden. Insoweit sind folglich Nachforschungen außerhalb des Buches erforderlich. Zumutbar ist allenfalls die Nichteintragung von kurzfristigen Mietverträgen und Wegerechten, denn mit derartigen Belastungen muß jedermann rechnen, sie lassen sich überdies mühelos feststellen. Bedenk-

---

1) Deutschland: oben § 4 Anm. 34 (wegen der atypischen Rechtsverhältnisse der Nachkriegsjahre siehe § 1); England: § 11 Anm. 78 und 79; Australien: § 14 Anm. 39; USA: § 27 Anm. 12 (Ausnahme: Staat New York [Nelson S. 621]).

2) Kritisch Powell § 922 S. 316; Payne, Crisis, S. 231; Staples S. 214/215; Goth S. 235 Anm. 6; Cushman S. 595/596.

3) Oben § 21 Anm. 14.

4) § 922 S. 316.

5) Rezension S. 192/193.

6) S. 22 f.

7) Oben § 14 Anm. 37, 38; siehe auch Ruoff S. 22 f.

8) Report on the Advisability of extending Compulsory Registration of Title on Sale to the County of Surrey aaO.

9) Oben § 11 Anm. 79.

lich erscheint es dagegen, wenn Dienstbarkeiten, Bauhandwerkerhypotheken und Immobiliarrechte des Fiskus vom Eintragungszwang befreit sind. In bezug auf diese Rechte muß ein gewissenhafter Käufer umfangreiche Titelnachprüfungen außerhalb des Grundbuchs durchführen, was im Ergebnis einen Rückfall in die Transkriptionsregisterdogmatik darstellt. Die Auswirkungen dieser verfehlten Grundbuchpolitik zeigen sich drastisch im australischen Bundesstaat Neu-Süd Wales, wo noch kein absoluter Buchungszwang besteht: seit 1939 sind dort die freiwilligen Buchungen rückläufig[10]). Ebenso verfehlt ist die Zulassung der Kontratabularersitzung in England und den meisten australischen Bundesstaaten. Sie erklärt sich historisch aus der Bedeutung, die das common law dem Sachbesitz (possession) als Rechtslegitimation beimißt[11]), ist jedoch mit den Grundbuchprinzipien unvereinbar. Denn ein wesentlicher Vorteil des Grundbuchsystems – die durch Maßgeblichkeit der Eintragung erzielbare Rechtssicherheit (vgl. § 891 BGB) – wird durch sie verwässert. Ein Vergleich mit den insoweit fortschrittlicheren USA (wo heute alle Torrensgesetze die Kontratabularersitzung ausschließen)[12]) zeigt die praktische Bedeutung dieser Überlegungen. Wie aus einer dort durchgeführten Umfrage unter Landbesitzern hervorgeht, die ihre Grundstücke torrensbuchen ließen, war wesentlich bestimmend für ihren Entschluß der Umstand, daß dritte Personen ein gebuchtes Grundstück nicht ersitzen können[13]).

Nach allem läßt sich feststellen, daß Ausnahmen vom Eintragungsprinzip die Funktionsfähigkeit des Grundbuchsystems beeinträchtigen: sie sind daher weitestgehend einzuschränken.

bbb) Die Länderberichte lassen eine unterschiedliche Struktur des dem jeweiligen Grundbuchsystem zugrundeliegenden materiellen Liegenschaftsrechts erkennen. In Australien und den Vereinigten Staaten gilt noch das traditionelle anglo-amerikanische Liegenschaftsrecht, dem auf Grund seiner equitable und future interests ein sachenrechtlicher Typenzwang fremd ist. Das Prinzip der Vertragsfreiheit ist dort auch im Sachenrecht anerkannt, die Verdinglichung persönlicher Rechte, die sich auf eine bestimmte Sache beziehen, ist weitgehend möglich[14]).

Demgegenüber haben England und Deutschland eine Liegenschaftsrechtsreform durchgeführt. In England wurde 1925 das Grundstücksrecht dem Mobiliarsachenrecht angeglichen, die Zahl der legal estates und interests auf sieben begrenzt und die wichtigsten equities in Geldansprüche verwandelt[15]). Bei uns erfolgte ebenfalls eine Angleichung des Immobiliar- und Mobiliarsachenrechts: die Zahl der eintragungsfähigen Rechte ist beschränkt; equities, die den sachenrechtlichen numerus clausus völlig sprengen würden, fehlen, und nach weitgehender Auflösung der Fideikommisse, Lehen und Stammgüter im frühen 19. Jahrhundert[16]) können im BGB nur noch Nacherbfolge (§§

---

[10]) Oben § 14 am Ende.
[11]) Oben § 16 bb 3.
[12]) Oben § 27 Anm. 12.
[13]) McCall S. 337/338.
[14]) Oben § 7 Anm. 17 und 19.
[15]) Oben § 11.
[16]) Hedemann, 1. Hälfte S. 35-37; Mot. Bd. 3 S. 5.

2100, 2113 Abs. 1) und Nachvermächtnis (§§ 2191, 2179) als Rechtsinstitute angesehen werden, die den verkehrshemmenden anglo-amerikanischen future interests ähneln.

Ein Grundbuchsystem kann ohne liegenschaftsrechtlichen Typenzwang nicht zufriedenstellend arbeiten. Sieht man nämlich von einem numerus clausus ab, so müssen alternativ zwei mißliche Konsequenzen in Kauf genommen werden: Läßt man keine Ausnahmen vom Eintragungsgrundsatz zu, so würde das Grundbuch infolge der Vielzahl eintragungspflichtiger Rechte und Belastungen bald funktionsunfähig. Der Zweck eines Grundbuchgesetzes – die Mobilisierung des Grundstücksmarktes – wäre damit vereitelt. Befreit man andererseits Liegenschaftsrechte vom Eintragungszwang, so bliebe das Buch zwar übersichtlich, die Rechtsunsicherheit, die, wie oben dargelegt, einer solchen Maßnahme zwangsläufig folgt, würde den Grundbuchapparat jedoch ebenfalls rasch lähmen.

Das materielle Liegenschaftsrecht muß folglich vor Grundbucheinführung durch Begrenzung der Sachenrechtstypen vereinfacht werden. Das hat nicht nur der deutsche Gesetzgeber gesehen[17]) – Rheinstein[18]) meint sogar, Deutschland verdanke es nur seinem unkomplizierten Liegenschaftsrecht, daß es keine Titelversicherung benötige – auch in England stellte eine Regierungskommission[19]) im Jahre 1919 fest, daß das komplizierte, unübersichtliche Immobiliarsachenrecht wesentlich verantwortlich für den Mißerfolg der drei Grundbuchgesetze aus den Jahren 1862, 1875 und 1897 sei[20]). Auf Anregung dieser Kommission ist dann die spätere Reformgesetzgebung eingeleitet worden. Vertreter der amerikanischen Rechtslehre haben ebenfalls wiederholt darauf hingewiesen, daß die zahlreichen common law- und equity estates ungeeignet für ein Grundbuchsystem seien, daß vor dessen Einführung das materielle Liegenschaftsrecht vielmehr vereinfacht, insbesondere die Zahl der Sachenrechte begrenzt werden müsse[21]). Das wird schließlich eindrucksvoll durch die praktischen Erfahrungen bestätigt, die man insoweit in Australien gesammelt hat. Im 19. Jahrhundert war die Funktionsfähigkeit des dortigen Torrenssystems zwar noch nicht beeinträchtigt, da das Immobilienrecht faktisch noch unkompliziert war: fideikommissarische Grundstücksbindungen waren der aus einfachen Kreisen stammenden Einwandererbevölkerung fremd[22]) und Besitztitel waren nur wenige Jahrzehnte alt. Die unterlassene Rechtsvereinfachung hat heute jedoch sehr ungünstige Auswirkungen, denn die mittlerweile meist über hundertjährigen Titel sind im modernen Australien ebenso kompliziert wie in den USA. Insbesondere die zahllosen cestui que trust- und anderen equity-Rechte gestatten es heute nicht mehr, einen einigermaßen flüssigen Grundbuchbetrieb aufrechtzuerhalten. So hat der führende austra-

---

[17]) Rheinstein, Some Fundamental Differences aaO. S. 633, 635; Wolff-Raiser S. 9/10.
[18]) Rezension, S. 1052.
[19]) Siehe Dowson-Sheppard S. 43/44.
[20]) Diese Ansicht wurde bereits in zwei Regierungsberichten aus den Jahren 1878 und 1911 vertreten; ebenso Holdsworth S. 158, 171/172, 178; Topham S. 772, 791.
[21]) Bordwell, Resurrection, S. 476; Simes S. XVII; Payne, Crisis, S. 222/223.
[22]) FitzGerald S. 105.

lische Grundbuchexperte Baalman 1955 in einem Gutachten[23]) festgestellt, daß in Neu-Süd Wales wegen des caveat-Schutzes, den die Torrensgesetze diesen equity-Rechten gewähren[24]), ein grundbuchlich durchgeführtes Liegenschaftsrechtsgeschäft für die Parteien schwieriger und zeitraubender ist als die Abwicklung im herkömmlichen Deedsregister[25]). Bedingt durch das komplizierte Immobiliarsachenrecht, das den grundbuchrechtlichen Bedürfnissen nicht angepaßt wurde, läßt sich eine fee simple-Übertragung in Neu-Süd Wales heute nicht mehr in fünfzehn Minuten durchführen[26]), sondern erfordert häufig mehrere Monate.

Die Notwendigkeit eines sachenrechtlichen numerus clausus als Voraussetzung eines arbeitsfähigen Grundbuchsystems ist somit hinlänglich erwiesen.

Die australische und u.s.-amerikanische Grundbuchpraxis würde in besonderem Maße von einer entsprechenden Reform profitieren. Wenn McDougal, Fairchild und Quinn[27]) demgegenüber meinen, die Ausgestaltung des materiellen Liegenschaftsrechts sei für das Grundbuchrecht unerheblich, so ist ihnen zwar zuzugeben, daß Grundstücksbindungen durch Fideikommisse (future interests) wegen des Fehlens einer Großgrundbesitzerklasse nie sonderliche Bedeutung in den USA erlangt haben. Dennoch würden ohne vorherige Sachenrechtsreform trusts und andere gebräuchliche equity-Belastungen die reibungslose Grundbuchabwicklung der Liegenschaftsverfügungen sehr erschweren.

ccc) Wurden eben Fragen geprüft, die den Umfang des Eintragungsgrundsatzes betreffen, so ist jetzt zu untersuchen, in welcher Form der Eintragungsgrundsatz am zweckmäßigsten durchzuführen ist. Die Rechtsordnungen halten hier, wie oben im einzelnen dargelegt, drei Lösungen bereit: das materielle Konsensprinzip (deutsche und englische Variante)[28]), das formale Rechtskraftprinzip[29]) und den Unanfechtbarkeitsgrundsatz[30]).

Eine kritische Beurteilung dieser Lösungen muß von der Feststellung ausgehen, daß sich das australische und amerikanische Torrensrecht heute in diesem Punkt dem deutschen und englischen Grundbuchrecht wesentlich angenähert hat. Die dortige Rechtsprechung hat im Laufe der Jahrzehnte die ursprüngliche, von lehnsrechtlicher Dogmatik geprägte Konzeption eines »indefeasible title« (Unanfechtbarkeitsgrundsatz) – die noch die ältere Literatur als Charakteristikum des Torrenssystems ansieht[31]) – zugunsten des materiellen Kon-

---

[23]) Für die Regierung des Staates Neu-Süd Wales zur Frage, ob die Einführung der Zwangsbuchung zweckmäßig sei.

[24]) Oben § 14 am Ende.

[25]) Baalman, zitiert in Registration of Title in New South Wales, S. 129; siehe auch Baalman, Outline, S. 169.

[26]) Oben § 14 Anm. 43.

[27]) McDougal, Brabner-Smith S. 1137; Fairchild-Springer S. 570; Quinn S. 270.

[28]) Vgl. die dogmatisch unterschiedlichen, aber im Ergebnis übereinstimmenden Lösungen des deutschen (oben § 4) und des englischen Gesetzgebers (oben § 11).

[29]) Oben § 4.

[30]) Oben § 14 und § 27 Anm. 13.

[31]) Zeerleder S. 114.

sensprinzips in Verbindung mit dem Gutglaubensschutz modifiziert. Wir haben gesehen, daß im australisch-neuseeländischen Rechtskreis nur noch wenige Gerichte am alten Standpunkt festhalten, während die u.s.-amerikanische Rechtsprechung ihn ganz aufgegeben hat. Man hat in diesen Ländern erkannt, daß der Unanfechtbarkeitsgrundsatz als strengste Durchführung des Eintragungsprinzips dogmatisch zwar bestechend ist, in der Rechtspraxis jedoch versagen muß, da er zu lebensfremden und äußerst unbilligen Ergebnissen führt. Selbst jene deutschen Staaten, die früher auf dem Boden des formalen Rechtskraftprinzips standen, sind nicht so weit gegangen: sie haben demjenigen, der ohne gültige materielle Einigung durch Eintragung ein Recht verloren hatte, immerhin einen schuldrechtlichen Anspruch auf Rückübertragung gewährt[32]). Das frühe Torrensrecht, das in diesem Falle dem Rechtsverlierer nur einen finanziellen Ersatzanspruch gegen den Entschädigungsfonds zugestand, ließ eine vernünftige Abwägung zwischen den Geboten der Rechtssicherheit und der Gerechtigkeit vermissen. Der deutsche und der englische Gesetzgeber vertreten hier einen realistischeren Standpunkt: die Gerechtigkeit erfordert es, die Berichtigung einer ohne gültige Einigung erfolgten Grundbucheintragung zuzulassen und dem Geschädigten insoweit einen dinglichen Anspruch zu geben; der Rechtssicherheit ist Genüge getan, wenn dieser Berichtigungsanspruch nur inter partes, nicht dagegen gegenüber gutgläubigen Dritten durchsetzbar ist. Es ist bemerkenswert, daß die australische und die u.s.-amerikanische Rechtsprechung ganz unabhängig voneinander diesen Gedanken im Laufe der Zeit übernommen haben.

bb) Öffentliche Grundstückslasten und Verfügungsbeschränkungen

Nach traditioneller Anschauung ist das Grundbuch lediglich für den zivilen Rechtszustand eines Grundstücks maßgeblich: dingliche Verwertungsrechte, die auf dem öffentlichen Recht (Gesetz, Verordnung, Satzung) beruhen, sind ohne Eintragung wirksam und gehen privatrechtlichen Belastungen regelmäßig im Range vor. Diese dogmatische Zäsur fand sich bisher im Grundbuchrecht sämtlicher Vergleichsländer, erst in neuerer Zeit wird in einigen Staaten die Tendenz erkennbar, in gewissem Umfang auch öffentliche Lasten und Beschränkungen dem Eintragungszwang zu unterwerfen[33]).

Soweit sich der Kreis der bevorrechtigten öffentlichen Lasten auf herkömmliche Grundstücksabgaben wie Grundsteuern und Anliegerbeiträge beschränkt, erscheint die Privilegierung sinnvoll. Der öffentliche Glaube des Buches wird nicht beeinträchtigt, da diese Lasten jedem Käufer und Hypothekar bekannt sind. Der durch eine Eintragungspflicht bedingte Verwaltungsaufwand wäre durch nichts gerechtfertigt.

Die Zahl der kraft Gesetzes zur öffentlichen Grundstückslast erklärten

---

32) Oben § 4 Anm. 25.

33) Deutschland: oben § 4 Anm. 34; England: § 11 Anm. 79; Australien: § 14 Anm. 39; USA: § 27 Anm. 12.

öffentlichen Abgaben ist jedoch in den vergangenen Jahrzehnten stark angewachsen, darüber hinaus unterwirft die heutige umfassende staatliche Bodenplanung und Bauaufsicht den Grundeigentümer in allen Vergleichsländern recht einschneidenden Verfügungs- und Nutzungsbeschränkungen[34]). So wurden in Deutschland seit den zwanziger Jahren allein durch Reichs- und Bundesrecht neun neue Abgabentypen geschaffen[35]), hinzu kommen die auf Landesrecht beruhenden öffentlichen Lasten[36]). Auch bei öffentlichen Verbänden der Länder zeigt sich eine Tendenz, die ihnen zustehenden Beiträge im Zwangsversteigerungsverfahren als öffentliche Grundstückslast anzumelden und ihre Anerkennung zu erstreben[37]). Die gleiche Entwicklung ist in England, Australien und Neuseeland zu verzeichnen[38]), angesichts des überall anerkannten Sozialstaatsprinzips ist zu erwarten, daß sie sich in Zukunft verstärkt fortsetzen wird.

Sofern die traditionelle Doktrin der Exemtion öffentlicher Lasten und Beschränkungen nicht modifiziert wird, stellen diese weitgehenden, selbst für Juristen nur noch schwer überschaubaren Vorrechte der öffentlichen Hand zweifellos eine bedenkliche Beeinträchtigung des öffentlichen Glaubens des Grundbuchs dar. Ein beredtes Beispiel ist insoweit die Reaktion des australischen Grundstücksmarktes auf die maßgebliche Präzedenzentscheidung South-Eastern Drainage Board (S. A.)/Savings Bank of South Australia[39]), mit der die Zulässigkeit erstrangiger ungebuchter Legalhypotheken öffentlich-rechtlicher Körperschaften – im konkreten Fall Beiträge zu einem Wasser- und Bodenverband – bejaht wurde. Ein spürbarer Vertrauensschwund gegenüber dem Torrenssystem sowie anhaltende Rechtsunsicherheit auch außerhalb Süd-Australien waren Folge dieser umstrittenen Entscheidung. In Süd-Australien, Queensland, Tasmanien und Neuseeland hat der Gesetzgeber in gewissem Umfang Abhilfe geschaffen, indem er für bestimmte Kategorien öffentlicher Lasten Eintragungszwang anordnete bzw. nichtregistrierte Lasten gegenüber gutgläubigen Erwerbern erlöschen läßt. In England sind zwar viele öffentliche Lasten noch immer »overriding interests«; Gemeindeabgaben (local statutory charges) werden jedoch in der Zwangsvollstreckung nur berücksichtigt, wenn sie im Grundbuch eingetragen sind[40]).

Auch in Deutschland erscheint eine Publizierungspflicht für solche öffentlichen Lasten und Verfügungsbeschränkungen wünschenwert, die einen größeren finanziellen Aufwand bedingen und deren Existenz – anders als Grundsteuern und Anliegerbeiträge – nicht jedem Grundstücksinteressenten ohne weiteres geläufig ist[41]).

---

[34]) Vgl. Garner S. 269/270; Ruoff S. 18 f.; Fischer S. 1585; Ebert S. 1430 f.
[35]) Siehe Katalog bei Meikel-Imhof-Riedel § 54 Anm. 4 f. und Fischer S. 1585.
[36]) Hauptsächlich in den Ausführungsgesetzen zur ZVG geregelt, vgl. z. B. § 2 hamburgisches AG ZVG.
[37]) Fischer S. 1585.
[38]) Ruoff S. 18 f. und 42 f.
[39]) 62 (1939) C. L. Rep. 603.
[40]) Oben § 11 Anm. 79; siehe im übrigen zu Vorstehendem Ruoff S. 18 f. und 42 f.
[41]) Z. B. Abgeltungslasten, Entschuldungsrenten, Beiträge für Wasser- und Bodenverbände sowie das dingliche Vorkaufsrecht der Gemeinden nach dem Bundesbaugesetz.

Vorbildlich ist insoweit die Regelung, die das Gesetz über Maßnahmen auf dem Gebiet des Grundbuchwesens vom 20. 12. 1963[42]) hinsichtlich der Hypothekengewinnabgabe getroffen hat, die bisher als nicht eintragbare öffentliche Last auf dem Grundstück des Abgabepflichtigen ruhte (§ 111 LAG). Das Finanzamt mußte bis zum 31. 12. 1965 das Grundbuchamt ersuchen, einen Vermerk über die Belastung des Grundstücks mit der Hypothekengewinnabgabe einzutragen. Nach dem Stichtag erlosch die dingliche Haftung des Pflichtigen für nicht registrierte Abgabeschulden[43]).

Lassen sich die eintragungsbedürftigen öffentlichen Lasten und Verfügungsbeschränkungen aus Gründen der Übersichtlichkeit nicht vollständig im Grundbuch erfassen, so sollte für diese Zwecke ein Sonderregister eingerichtet werden. Diese Maßnahmen würden gewährleisten, daß nach Abschluß der kriegsbedingten Grundbuchbereinigung[44]) die Funktionsfähigkeit unseres Grundbuchs nicht erneut beeinträchtigt wird.

Zusammenfassend ist zum Problemkreis »materielles Eintragungsprinzip« folgendes festzustellen:

Ausnahmen vom Eintragungsprinzip beeinträchtigen die Funktionsfähigkeit eines Grundbuchsystems. Eine lückenlose Durchführung des Eintragungsprinzips ist aber nur möglich, wenn das Liegenschaftsrecht vereinfacht und den grundbuchlichen Bedürfnissen – Klarheit und Übersichtlichkeit – angepaßt wird. Erforderlich ist dabei insbesondere die Einführung eines begrenzten sachenrechtlichen Typenzwanges. Als zweckmäßigste Durchführungsform des Eintragungsgrundsatzes empfiehlt sich das materielle Konsensprinzip in Verbindung mit dem Gutglaubensschutz: inter partes, nicht aber gegenüber gutgläubigen Dritten ist neben der Eintragung eine gültige Einigung (Auflassung, Hypothekenbestellungsvertrag) zum Rechtserwerb erforderlich. Entgegen der traditionellen Grundbuchrechtsdogmatik sollte das Eintragungsprinzip nicht auf private Rechte beschränkt bleiben, sondern weitgehend auch auf öffentlichrechtliche Grundstückslasten und Nutzungsbeschränkungen erstreckt werden.

§ 34

b) Materielles Publizitätsprinzip

Der überall vorgesehene Gutglaubensschutz weist in den einzelnen Vergleichsländern in seiner näheren Ausgestaltung erheblich weniger Abweichungen auf als der eben besprochene Eintragungsgrundsatz. In rechtsvergleichender Sicht bedeutsam sind hier nur zwei Besonderheiten des anglo-amerikanischen Rechtskreises: die englischen, australischen und amerikanischen Grundbuchgesetze schützen übereinstimmend nur den entgeltlichen Erwerber, außerdem macht nicht bloß positive Kenntnis, sondern bereits grobfahrlässige Unkenntnis der Unrichtigkeit des Grundbuchs bösgläubig[45]).

---

42) Oben § 1 Anm. 7.
43) § 21 des oben angeführten Gesetzes, §§ 111 a-d LAG.
44) Oben § 1.
45) Oben § 14 Anm. 27, 28.

aa) Eine Beschränkung des Gutglaubensschutzes auf entgeltliche Erwerber entsprechend dem anglo-amerikanischen und früheren preußischen Recht[46]) ist zweifellos billiger als die gegenwärtige Regelung des § 892 BGB. Denn der Ausgleich, den insoweit § 816 Abs. I S. 2 BGB schaffen will, ist nur unzureichend: dieser Schutz versagt im Konkurs und gegenüber Rechtsnachfolgern des Dritten. Gegen eine Beschränkung des § 892 BGB auf entgeltliche Erwerber werden im wesentlichen zwei Einwände erhoben:

Planck[47]) meint, nach dem Abstraktionsprinzip des BGB sei die Frage der Gegenleistung nur für das schuldrechtliche Geschäft bedeutsam, die dingliche Rechtsänderung müsse daher immer eintreten. Diesem formalen Einwand ist entgegenzuhalten, daß sich in der heutigen Lehre und Rechtsprechung die Bereitschaft durchsetzt, das Abstraktionsprinzip zu durchbrechen, wenn begründete Billigkeitserwägungen dies erforderlich machen[48]). Triebel[49]) führt aus, der gegenwärtige Rechtszustand sei im Interesse der Rechtssicherheit beizubehalten, da sich die Rechtsprechung üblicherweise mit gemischten Schenkungen befasse, bei denen meistens nur schwer festzustellen sei, ob das entgeltliche oder das unentgeltliche Element überwiege. Dieser Einwand überzeugt ebenfalls nicht, denn in der Praxis haben sich bei der Anwendung des § 816 Abs. I S. 2 BGB, dessen entscheidendes Tatbestandsmerkmal die Unentgeltlichkeit ist, keine nennenswerten Schwierigkeiten ergeben[50]). Auch die anglo-amerikanische Grundbuchrechtsprechung läßt nicht erkennen, daß die Abgrenzung zwischen entgeltlichen und unentgeltlichen Geschäften besondere Schwierigkeiten bereitet. Im übrigen wären die gröbsten Unbilligkeiten schon beseitigt, wenn man nur bei reinen Schenkungen einen gutgläubigen Erwerb ausschlösse[51]).

Aus Billigkeitserwägungen empfiehlt es sich daher, auch im deutschen Recht unentgeltlichen Zuwendungen, mindestens aber reinen Schenkungen den Gutglaubensschutz des Grundbuchs zu versagen.

bb) Die Gleichsetzung der grobfahrlässigen Unkenntnis mit dem positiven Kennen ist ebenfalls ein Billigkeitspostulat, dem aber die deutsche Rechtsprechung schon weitgehend Rechnung trägt, indem sie den Begriff des »Kennens« weit faßt: wer von glaubwürdigen Menschen inhaltlich glaubwürdige Mitteilungen erhält, ist in Kenntnis. Außerdem läßt sich mit § 826 BGB helfen: wer Glaubwürdiges nicht erfahren will, um nichts zu wissen, verstößt gegen die guten Sitten, wenn er sich auf seine Unkenntnis beruft[52]). Andererseits ist jedoch darauf zu achten, daß nicht jedes Kennensollen dem Kennen gleichgestellt wird: die oben dargestellte Entwicklung der Doctrine of Notice

---

[46]) § 9 Eigentumserwerbsgesetz vom 5. 5. 1872.

[47]) § 892 Anm. II 1 c.

[48]) Siehe den Streit um die Frage, inwieweit die Sittenwidrigkeit des Grundgeschäfts die des dinglichen Erfüllungsgeschäfts nach sich ziehen kann.

[49]) S. 23.

[50]) Enneccerus-Lehmann S. 874, 484.

[51]) So die Rechtsprechung des amerikanischen Bundesstaates Kansas: Hyndman/Woman's Foreign Missionary Society 68 Pac. (2d) 645 (1937).

[52]) Vgl. Zusammenstellung der Rechtsprechung bei Wolff-Raiser S. 145 Anm. 23.

in der u.s.-amerikanischen Deedsregisterrechtsprechung[53]) zeigt anschaulich, wie sehr eine uferlose Ausweitung des Begriffs des Kennensollens die Leistungsfähigkeit eines Buchsystems beeinträchtigen kann.

Zur Durchführung des Publizitätsprinzips läßt sich daher abschließend sagen: Die objektiv und subjektiv enger gefaßten Voraussetzungen des Gutglaubensschutzes im anglo-amerikanischen Rechtskreis sind der insoweit unbilligeren Lösung des BGB vorzuziehen. Ihre Übernahme in das deutsche Recht würde die Rechtssicherheit nicht beeinträchtigen, sofern subjektiv das Kennensollen auf grobe Fahrlässigkeit beschränkt bliebe.

c) Legalitätsprinzip

Das Legalitätsprinzip – der Grundbuchführer ist verpflichtet, die gesetzlichen Voraussetzungen der Eintragungsanträge zu überprüfen – ist in allen Vergleichsländern verwirklicht[54]). Es ist geeignet, die Gefahren einzuschränken, die sich aus dem öffentlichen Glauben des Grundbuchs ergeben.

d) Entschädigungsprinzip

Die anglo-amerikanische Lösung dieses Problems weist drei interessante Abweichungen gegenüber dem deutschen Recht auf: Haftungsträger ist nicht unmittelbar der Staat, sondern ein aus Parteigebühren gespeister Garantiefonds; gehaftet wird auch für Zufall; im englischen Recht fehlt eine Subsidiaritätsklausel i. S. § 839 Abs. I S. 2 BGB[55]).

Auf den ersten Blick mag das Garantiefondssystem mit Zufallshaftung großzügiger und gerechter als die deutsche Verschuldenshaftung erscheinen, denn der Kreis der Ersatzberechtigten ist dort beträchtlich erweitert. Da aber Einrichtung und Unterhaltung eines solchen Fonds mit nicht unerheblichem Verwaltungsaufwand und mit einer finanziellen Belastung aller grundbuchpflichtigen Grundeigentümer verbunden ist, kann die Übernahme dieses Systems nur dann vorteilhaft sein, wenn wegen der Struktur des betreffenden Grundbuchrechts mit einer konstant hohen Zahl grundbuchlich bedingter Vermögensschäden zu rechnen ist. Wie wir gesehen haben, war diese Voraussetzung beim frühen australisch-amerikanischen Torrensrecht, dem noch das Unanfechtbarkeitsprinzip zugrunde lag, gegeben. Dort bedingte jede eingetragene nichtige Verfügung einen endgültigen Rechtsverlust des Verfügenden. Mit Recht hat daher Sir Robert Torrens das Garantiefondssystem als dogmatisch notwendige Kehrseite des Unanfechtbarkeitsprinzips angesehen[56]). Die Bedeutung des Garantiefonds mußte jedoch zwangsläufig in dem Maße schwinden, wie die australisch-amerikanische Rechtsprechung den Unanfecht-

---

[53]) Oben § 16.
[54]) Oben § 4 Anm. 36; § 11 Anm. 81; § 14 Anm. 20; § 27 Anm. 8.
[55]) Oben § 11 Anm. 85, §§ 14 und 27.
[56]) Oben § 14 Anm. 11.

barkeitsgrundsatz zugunsten des materiellen Konsensprinzips aufgab. Denn die Gefahr eines Rechtsverlustes ist beim materiellen Konsensprinzip, wie es heute in Deutschland, England, Amerika und überwiegend auch in Australien gilt, viel geringer. Eingetragene nichtige Verfügungen bewirken keinen Rechtsübergang. Eine Schädigung ist nur noch durch Gutglaubenserwerb Dritter möglich, und diese Gefahr wird überdies durch das überall geltende Legalitätsprinzip gemindert.

Der Garantiefonds ist demnach ein kostspieliger Fremdkörper in einem Grundbuchsystem, das dem materiellen Konsensprinzip folgt. Das beweist eindrucksvoll ein Blick auf die heutige Situation in Australien und Amerika: die dortigen Fonds werden seit langem kaum noch in Anspruch genommen, einige wurden aus diesem Grunde sogar aufgelöst[57]). Ihre Existenz läßt sich allenfalls noch mit der Erwägung rechtfertigen, daß sie einen gewissen Anreiz für freiwillige Buchungen darstellen mögen.

Anders ist die Rechtslage dagegen in England. Die Bedeutung des dortigen Garantiefonds[58]) und dessen häufige Inanspruchnahme ist auf das elastisch gehandhabte Grundbuchanlegeverfahren zurückzuführen. Wir haben gesehen, daß der englische Chief Land Registrar im Interesse einer schnellen Buchanlegung bewußt auf peinliche Genauigkeit bei der Titelnachprüfung und Grundstücksvermessung verzichtet[59]). Dieses summarische Verfahren beeinträchtigt häufig dingliche Rechte Dritter an dem gebuchten Grundstück, ihnen wird zum Ausgleich ein Entschädigungsanspruch gegen den Garantiefonds gewährt. Ruoff betont, daß der Versicherungsgedanke bei der Grundbuchanlegung in keinem Lande so ausgeprägt sei wie in England[60]). So ist es auch zu erklären, daß der englische Land Registration Act keine einschränkende Subsidiaritätsklausel i. S. § 839 Abs. I S. 2 BGB enthält.

Als Ergebnis ist daher festzuhalten: Der Garantiefonds mit Zufallshaftung ist nur für ein Grundbuchsystem mit »schadensgeneigter« dogmatischer Struktur sinnvoll. Darüber hinaus empfiehlt er sich als Ausgleich für Schäden, die bei einer betont summarischen Buchanlegung unvermeidlich sind. Im übrigen genügt jedoch die reguläre unmittelbare Staatshaftung für Amtspflichtverletzungen der Grundbuchbeamten. Aus diesem Grunde ist die Übernahme des Garantiefonds in unser Recht abzulehnen.

Eine andere Frage ist es, ob wir bei der Staatshaftung für Amtspflichtverletzungen der Grundbuchbeamten das Verschuldensprinzip zugunsten einer Gefährdungshaftung aufgeben sollten. Ein entsprechender Antrag wurde bereits 1896 während der Beratung des II. BGB-Entwurfs in der Reichstagskommission gestellt. Er wurde damals abgelehnt, weil man befürchtete, die

---

[57]) Nur der ehemalige kalifornische Entschädigungsfonds wurde im Jahre 1937 durch einen einzigen Ersatzanspruch in Höhe von U.S. $ 48 000 vollständig erschöpft. Das war aber ausschließlich auf die fehlende fachliche Qualifikation der dortigen Grundbuchbeamten zurückzuführen (Powell § 922 S. 315, § 921 S. 307 Anm. 58; Quinn S. 250).

[58]) Curtis-Ruoff S. 11 und 827.

[59]) Oben § 11 Anm. 75 und 76.

[60]) Curtis-Ruoff S. 12; vgl. zu Vorstehendem auch Curtis-Ruoff S. 872 und Ruoff S. 35 und 84-87.

Zufallshaftung könne zu einer unvertretbar hohen finanziellen Belastung des Reiches führen[61]). Heute, nach Abschluß der Grundbuchanlegung, sind diese Bedenken zwar gegenstandslos, denn das materielleKonsensprinzip gewährleistet in Verbindung mit dem Legalitätsprinzip größtmögliche Sicherheit im Rechtsverkehr. Dennoch empfiehlt sich die Einführung der Gefährdungshaftung nicht. Sie würde einen Einbruch in das im Bereich der Staatshaftung für Amtspflichtverletzungen bisher unangetastete Verschuldensprinzip darstellen, der rasch zu einer Ausdehnung der Verantwortlichkeit für Zufall auch auf andere Bereiche staatlichen Handelns führen könnte.

---

[61]) Güthe, 4. Aufl., § 12 Anm. 9.

§ 35

4. Grundbuchamtsorganisation

Hier weisen die USA bemerkenswerte Unterschiede gegenüber den anderen Vergleichsländern auf. Auffällig sind namentlich die finanziellen Schwierigkeiten und organisatorischen Mängel der title registration offices – die Grundbuchführung wird in der Regel den Deedsregisterämtern als zusätzliche Arbeit aufgebürdet – sowie die unzureichende fachliche Befähigung der meisten Grundbuchbeamten, die durchweg politische Wahlbeamte ohne juristische Vorbildung sind[1]).

Das Scheitern des Torrenssystems wird nicht zuletzt auf diese Vernachlässigung des Grundbuchapparates durch die Einzelstaaten zurückgeführt[2]). Namentlich Powell und Quinn weisen darauf hin, daß für den Widerruf des kalifornischen Torrensgesetzes im Jahre 1955 allein derartige organisatorische Mängel verantwortlich waren[3]). Die Lösung dieser Fragen in Deutschland, England und Australien – organisatorische Trennung der Grundbuchämter von anderer Verwaltungs- oder Gerichtstätigkeit, Grundbuchführer sind ausgebildete Juristen[4]) – kann hier als Vorbild dienen. Denn nur sie berücksichtigt, daß dem Grundbuchführer angesichts der Wechselwirkungen zwischen Grundbuch- und Liegenschaftsrecht besondere Sorgfaltspflichten obliegen. Eine Aufblähung des Verwaltungsapparats muß dabei natürlich in Kauf genommen werden[5]). Jene Amerikaner, die insbesondere wegen dieser Konsequenz das Grundbuchsystem ablehnen[6]), sollten jedoch bedenken, daß damit zugleich der völlige Abbau des ungleich größeren kommerziellen Titelschutzapparats verbunden ist.

---

[1]) Oben § 18 Anm. 50, § 27 Anm. 7.

[2]) Vgl. Quinn S. 249-251; Bordwell, Resurrection, S. 479; Viele S. 430.

[3]) Siehe oben § 34 Anm. 57.

[4]) Oben § 4 Anm. 46, § 11 Anm. 74.

[5]) Das hat namentlich die Entwicklung des englischen Grundbuchs nach der Liegenschaftsrechtsreform gezeigt.

[6]) Vgl. Powell, zitiert bei Fairchild-Springer S. 565; Bordwell, Resurrection, S. 470.

§ 36

5. Grundbuchanlegung

Die Länderberichte haben gezeigt, daß die anglo-amerikanische, insbesondere die u.s.-amerikanische Rechtspraxis diesem Verfahren außerordentliche Bedeutung beimißt. Den deutschen Juristen mag der breite Raum, den die dortige Rechtsprechung und Lehre Fragen der Grundbuchanlegung widmen, zunächst etwas befremden, denn Einzelheiten des seit langem überall abgeschlossenen heimischen Buchungsverfahrens sind ihm in der Regel unbekannt. Bedenkt man jedoch, daß die Anlegungsarbeit, die sich bei uns immerhin bis 1939 erstreckt hat[1]), bisher nur in wenigen Gebieten der USA durchgeführt ist, so wird verständlich, daß die Erörterung dieser Fragen dort besondere Bedeutung hat. Funktionsprobleme, die das angelegte Grundbuch betreffen – für das deutsche Grundbuchrecht sind sie von vorrangigem Interesse – müssen demgegenüber in der Erörterung zurückstehen.

Im folgenden wird sich die kritisch-vergleichende Untersuchung auf vier Punkte konzentrieren: Verfahrensgestaltung, Ordnungsprinzip, topographische Individualisierung und Grundbuchzwang.

a) Verfahrensgestaltung

Ebenso wie in Fragen grundbuchamtlicher Organisation weichen die u.s.-amerikanischen Torrensgesetze auch in der Ausgestaltung des Buchanlegungsverfahrens vom Recht der übrigen Vergleichsländer erheblich ab. In den Länderberichten wurde dargestellt, daß in den USA das Buchungsverfahren aus Verfassungsgründen nicht zur Zuständigkeit der Grundbuchämter gehört, sondern ausschließlich Sache der streitigen Gerichtsbarkeit ist. Die insoweit übereinstimmenden Grundbuchgesetze Deutschlands, Australiens und Englands sehen demgegenüber vor, daß die Buchung im Rahmen eines mehr oder weniger summarischen, verwaltungsförmig ausgestalteten Verfahrens von den Grundbuchämtern durchgeführt wird[2])[3]). Die unterschiedlichen Auswirkungen der jeweiligen Verfahrenskonzeption auf die Praxis der Grundbuchanlegung sind bemerkenswert.

Zunächst ist das amerikanische Anlegungsverfahren, das sämtlichen Inhabern entgegenstehender Rechte die Stellung von Beklagten einräumt und

---

[1]) Oben § 4 Anm. 47.

[2]) Oben §§ 4, 11 und 14, siehe auch § 34 Anm. 59.

[3]) Davis (Chief Judge, Massachusetts; zitiert bei Cushman S. 591 Anm. 12) meint sogar, die amerikanischen Grundbuchgesetze könnten aus diesem Grunde dogmatisch nicht mehr dem Torrenssystem zugerechnet werden: »The act as drawn by him (the drafter of the Massachusetts act) is not a Torrens act. The very foundation of our land registration system is the one thing which it was the purpose of Sir Robert Torrens to get rid of, namely a judicial proceeding«.

überdies den Grundsatz der Parteidisposition uneingeschränkt durchführt, wesentlich umständlicher und langwieriger als die vom Amtsermittlungsgrundsatz beherrschten Verfahrensordnungen Englands, Australiens und Deutschlands. Darüber hinaus hat sich die für das amerikanische Anlegungsverfahren typische Gegnerstellung der Beteiligten als psychologisches Hemmnis erwiesen: übereinstimmend wird in der Literatur berichtet, daß viele buchungswillige Grundeigentümer nur deswegen von einer Buchung absähen, weil sie sich scheuten, ihre Nachbarn mit einer Klage zu überziehen[4]). Das Verfahren der übrigen Vergleichsländer, das sich von einem streitigen Zivilprozeß deutlich abhebt, scheint mir auch in dieser Hinsicht glücklicher zu sein.

In ganz besonderem Maße wirkt sich aber die jeweilige Verfahrensgestaltung auf Übergangsfragen aus, die sich im Zuge der Umstellung des Liegenschaftsrechts auf das Grundbuchsystem ergeben. Wie in den Länderberichten im einzelnen dargelegt, wird insoweit in Deutschland, England und Australien im Interesse einer schnellen Buchanlegung von einer gründlichen Überprüfung des Titels des Antragstellers abgesehen. In den USA erfolgt die Buchung – bedingt durch das streitige Verfahren – dagegen nur, wenn der Titel des Klägers lückenlos (»good against all the world«) nachgewiesen wird[5]).

Die starre u.s.-amerikanische Praxis scheint mir dem Sinn des Grundbuchanlegungsverfahrens nicht gerecht zu werden. In seinem Rahmen sollte nicht über die Rechtsbeständigkeit des Titels mit der Folge befunden werden, daß nur unanfechtbare Rechte zur Buchung gelangen. Dieses Ziel läßt sich mit Hilfe eines herkömmlichen Feststellungsprozesses erreichen (in Deutschland Klage nach § 256 ZPO, in den USA die action to quiet title). Ausschließlicher Zweck des Anlegungsverfahrens sollte vielmehr eine möglichst vollständige Grundstückserfassung innerhalb kurzer Zeit sein. Das kann angesichts der hohen Zahl buchungsfähiger Parzellen eines Landes nur mittels eines summarisch ausgestalteten Verfahrens verwirklicht werden. Man muß daher von einer eingehenden Überprüfung der materiellen Rechtslage absehen und sich – wie in Deutschland – mit der bloßen Glaubhaftmachung oder sogar nur der Wahrscheinlichkeit des Bestandes des zu buchenden Rechtes oder – wie in England – mit dem Nachweis des Grundstücksbesitzes seitens des Antragstellers (possessory title) begnügen. Im Anlegungsverfahren offengebliebene materiellrechtliche Fragen lassen sich später durch Feststellungsprozesse, kurzfristige Verjährungsgesetze (statutes of limitation) oder gutgläubigen Dritterwerb in Verbindung mit Ausgleichsansprüchen gegen einen Entschädigungsfonds erledigen. Der insoweit instruktive Mißerfolg des englischen Lord Westbury's Act aus dem Jahre 1862[6]) beweist zur Genüge, daß ein Land die technische Arbeit einer kompletten Grundbucheinrichtung nur auf diese Weise erfolgreich bewältigen kann. Es muß daher als entscheidende Schwäche der u.s.-amerikanischen Torrensgesetze angesehen werden, daß sie die Funktion

---

[4]) Vgl. McCall S. 345; Cushman S. 606; Nelson S. 621; Goth S. 235 Anm. 6.
[5]) Oben § 27; siehe dazu auch Quinn S. 298-301.
[6]) Oben § 10.

des Anlegungsverfahrens verkennen, seine Bedeutung überbewerten und somit kein elastisches Übergangssystem gewährleisten.

Die u.s.-amerikanische Verfahrensregelung ist schließlich – neben den eben erörterten Nachteilen – mit beträchtlichen Mehrkosten verbunden, die sich zwangsläufig aus der Struktur des streitigen Prozesses (Förmlichkeiten, Anwaltshonorare) ergeben[7]).

Es ist nach alledem verständlich, daß die amerikanische Rechtslehre einmütig die Zuständigkeit der streitigen Gerichtsbarkeit für die Buchung kritisiert und sich für ein Verwaltungsverfahren (administrative procedure) ausspricht[8]). Die englischen, australischen und deutschen Verfahrensgestaltungen können insoweit als Vorbild dienen. Verfassungsmäßige Bedenken, die unter Hinweis auf die Entscheidungen People/Chase und State/Guilbert[9]) gegen eine derartige Reform vereinzelt geltend gemacht werden[10]), dürften unbegründet sein. Denn auf Grund neuerer Erkenntnisse der amerikanischen Verwaltungsrechtslehre wird an der früher uneingeschränkten Geltung des Gewaltenteilungsprinzips heute nicht mehr festgehalten: in steigendem Maße bejahen amerikanische Gerichte die Verfassungsmäßigkeit der Zuweisung richterlicher Funktionen an Verwaltungsbeamte[11]). Darüber hinaus wird in der Literatur betont, daß »due process of law« – rechtliches Gehör – auch außerhalb eines Gerichtsverfahrens gewährt werden könne: dieses Verfassungsgebot werde insbesondere nicht durch Einführung eines »possessory title« verletzt, sofern nur eine angemessene Ausschlußfrist zur Geltendmachung entgegenstehender Rechte vorgesehen sei[12]). Es ist daher wenig wahrscheinlich, daß Torrensgesetze, die im Sinne eines vereinfachten Buchungsverfahrens revidiert werden, das Schicksal ihrer Vorgänger in Illinois und Ohio teilen würden[9]).

b) Ordnungsmethode

Die Buchungen sind in allen Vergleichsländern durchweg nach dem Realfoliumsprinzip geordnet[13]).

Es ist die vollkommenste Buchungsform, denn erst durch Ordnung der Grundbuchblätter nach Grundstücken, d. h. nach räumlichen statt nach chronologischen oder personellen Gesichtspunkten wird jene Übersichtlichkeit der Eintragungen geschaffen, die den gesteigerten Anforderungen des heutigen Grundstücksverkehrs allein genügt.

---

7) Bordwell, Registration, S. 120; Powell § 922 S. 316.
8) Vgl. Johnstone S. 514; McDougal, Brabner-Smith S. 1150; A Comparison of Land and Motor Vehicle Registration aaO. S. 1245/1246 (im folgenden zitiert »48 Yale L. J.«); Powell § 923 S. 319; Nelson S. 621; Cushman S. 606.
9) Oben § 27 Anm. 2, 3.
10) Bordwell, Resurrection, S. 479.
11) Johnstone S. 514/515; 48 Yale L. J. S. 1252; Nelson S. 621 Anm. 32.
12) Powell § 923 S. 319; McDougal, Brabner-Smith S. 1150; 48 Yale L. J. S. 1254/1255.
13) Oben § 4 Anm. 52; § 11 Anm. 80 und §§ 14, 27.

§ 37

c) Topographische Individualisierung

Unabhängig von der jeweiligen Verfahrensgestaltung stellt sich die Frage, wie Lage, Größe und Grenzen der zu buchenden Grundstücke hinreichend bestimmbar sind. Würden entsprechende Angaben im Grundbuch fehlen, so könnte niemand unbesorgt Rechte an einem Grundstück erwerben, bevor er sich nicht an Ort und Stelle eingehend über dessen Umfang und Grenzen unterrichtet hätte. Die damit verbundene Rechtsunsicherheit würde einen wesentlichen Vorzug des Grundbuchsystems – die Mobilisierung des Grundstücksmarktes – weitgehend zunichte machen.

Während einige u.s.-amerikanische Torrensgesetze sich insoweit mit einem vom Grundstücksbesitzer angefertigten Lageplan begnügen[14]), werden diese Bestandsfaktoren in anderen Bundesstaaten ebenso wie in England, Australien und Deutschland ausschließlich durch geometrische Bodenvermessung ermittelt[15]). Hinsichtlich der technischen Durchführung der Vermessung weichen die Regelungen der Vergleichsländer in zwei wesentlichen Punkten voneinander ab.

Einmal verzichtet allein das englische Recht in der Regel auf eine verbindliche, exakte Fixierung der Grundstücksgrenzen. Sofern nämlich der Eigentümer nicht ausdrücklich eine mit beträchtlichen Mehrkosten verbundene, genaue Grenzvermessung beantragt, legt die Vermessung dort nur den ungefähren Grenzverlauf – die sog. »general boundaries« – fest[16]).

Zum anderen stehen sich Einzel- und Gebietsvermessung gegenüber: während australische und amerikanische Grundstücke jeweils willkürlich einzeln anläßlich des Buchungsverfahrens vermessen werden, sehen das englische und deutsche Recht übereinstimmend vor, daß die Vermessungsunterlage bereits vor der Buchung für ein räumlich zusammenhängendes größeres Gebiet – in England Städte und Grafschaften, bei uns Gemeindebezirke – geschaffen wird. Als kartographische Vermessungsgrundlage dient dabei in Deutschland der im Jahre 1900 fast überall fertiggestellte Steuerkataster[17]), in England die »ordnance survey map«, ein zur Zeit des Inkrafttretens des Land Registration Act völlig veraltetes und lückenhaftes Kartenwerk, das heute in langwieriger und kostspieliger Arbeit Stadt für Stadt und Grafschaft für Grafschaft neu angelegt wird[18]).

Lehre und Rechtsprechung der meisten Vergleichsländer sind heute geneigt, die geometrische Vermessung als allein brauchbare topographische Bestimmungsmethode anzuerkennen. So wird bereits in der gemeinrechtlichen Literatur sowie im I. BGB-Entwurf ausgeführt, daß das Grundbuchsystem ohne vor-

---

[14]) So Massachusetts und Illinois (Quinn S. 238).

[15]) Oben § 27 und § 4 Anm. 54, § 11 Anm. 73, § 14 Anm. 16.

[16]) Oben § 11 Anm. 73.

[17]) Oben § 4 Anm. 54, 60.

[18]) Report on H. M. Land Registry 1962/1963 S. 3; Quinn S. 236/237; Dowson-Sheppard S. 48/49; FitzGerald S. 128.

herige Landvermessung nicht durchführbar sei[19]). Einschränkend hieß es zwar im I. Entwurf der GBO, eine geometrische Vermessung und Kartierung sei lediglich wünschenswert – man glaubte in Städten, wo feste Grenzzeichen bestehen, auf eine Vermessung verzichten zu können – doch wurden die Bundesstaaten durch eine Reichstagsresolution ersucht, die »amtlichen Verzeichnisse« des § 2 Abs. II GBO auf geometrische Vermessungsunterlagen zu stützen[20]). Alle Regierungen folgten diesem Aufruf[21]); in der deutschen Rechtsprechung ist heute unbestritten, daß nicht vermessene Grundstücke der Begründung irgendwelcher Rechte regelmäßig nicht zugänglich sind[22]). Während Australien und Neuseeland die Vermessung seit jeher als unumgängliche Buchungsvoraussetzung ansahen[23]), ist dies in der englischen Lehre wiederholt bezweifelt worden[24]). Diese Bedenken, die sich vor allem auf den gescheiterten Lord Westbury's Act (der einen Vermessungszwang vorsah) stützten, dürften heute durch die überzeugenden Ausführungen von Dowson-Sheppard – Verfasser einer führenden Grundbuchrechtsdarstellung – ausgeräumt sein, die sich mit Nachdruck für eine umfassende Gebietsvermessung einsetzen[25]). Auch in der amerikanischen Literatur scheint sich diese Auffassung durchzusetzen, hier berufen sich namentlich Quinn und Bordwell auf die praktischen Erfahrungen, die man in dieser Hinsicht in England nach 1925 gemacht hat[26]).

Die Überlegenheit der geometrischen Bodenvermessung gegenüber anderen Bestimmungsmethoden ist in der Tat evident, denn nur sie ermöglicht die für Käufer und Beleiher so bedeutsame Ermittlung des Grundstücksflächeninhalts. Im übrigen ist die Vermessung nicht nur Voraussetzung einer ordnungsgemäßen Buchanlegung. Sie bringt dem Staat darüber hinaus auch ganz beträchtliche steuerliche Vorteile, da nur sie eine zuverlässige Ermittlung der Besteuerungsgrundlagen für die Erhebung der Grundsteuer gestattet. Ertragswert (deutsche Besteuerungsgrundlage) und Verkaufswert (amerikanische Besteuerungsgrundlage)[27]) lassen sich nur einwandfrei bestimmen, wenn der Grundstücksumfang bekannt ist, der sich wiederum nur durch geometrische Vermessung und Kartierung ermitteln läßt[28]). In den anglo-amerikanischen Vergleichsländern wird die Grundsteuerveranlagung noch ohne Katasterunterlagen im Wege einer – naturgemäßen ungenauen – Schätzung vorgenommen[29]). Die Mängel dieses Verfahrens unterliegen scharfer Kritik[30]). Eine

---

19) Vgl. Weber S. 100 und Güthe, 4. Aufl., Anm. 4 zu § 2.
20) Güthe, 4. Aufl., Anm. 5 und 6 zu § 2.
21) Hedemann, 2. Hälfte, S. 281.
22) Thieme Anm. 3 zu § 2.
23) Ruoff S. 36/37 und 50/51.
24) Vgl. Stewart-Wallace S. 74.
25) Insbesondere S. 48 und 81-87.
26) Quinn S. 237/238; Bordwell, Registration, S. 121.
27) McDonald S. 405.
28) Siehe Schlegelberger, Band 4, S. 707; Predari S. 193.
29) Oben § 10 Anm. 54.
30) McDonald S. 405-407; Wald S. 55.

Bodenvermessung, deren Kosten der dadurch begünstigte Fiskus vollen Umfangs zu tragen hat[31]), ist daher auch aus diesem Grunde erforderlich.

Nicht so eindeutig läßt sich jedoch die Frage nach dem Genauigkeitsgrad der Grenzvermessung beantworten. Ob insoweit eine ungefähre Festlegung der Grundstücksgrenzen genügt oder ob die – viel kostspieligere – exakte Ermittlung des Grenzverlaufs notwendig ist, hängt ausschließlich von den topographischen Gegebenheiten des Vermessungsgebiets ab. Sind, wie in England, feste Markierungen in ausreichender Zahl vorhanden – Fluchtlinien und Zäune bei städtischen Grundstücken, Hecken und Gräben auf dem Lande – aus denen sich der Grenzverlauf unzweideutig ergibt, so erübrigt es sich, im Wege genauer geometrischer Ermittlung eine bestimmte Grenzlinie kartographisch festzulegen. Es genügt in diesen Fällen, den Verlauf der natürlichen Markierung – Zaun, Hecke, Bach – in die Flurkarte aufzunehmen. Die englische Praxis zeigt, daß dieses »general boundaries«-Verfahren (das dort seit 1875 angewandt wird)[32]) den Grundstücksbesitzern keinerlei Anlaß zu Grenzstreitigkeiten gibt[33]). Damit ist der einzige beachtliche Einwand widerlegt, der gegen diese summarische Vermessungsmethode erhoben werden könnte: den Kritikern des englischen »general boundaries«-Systems[34]) ist vorzuwerfen, daß sie hinsichtlich der erforderlichen Sorgfalt der Bodenvermessung nicht auf die topographischen Verhältnisse des jeweiligen Vermessungsgebiets abstellen.

In den übrigen Vergleichsländern wäre die Festlegung bloßer »general boundaries« jedenfalls in den Städten – vor allem in den rektangulär angelegten Städten Australiens und der USA – ausreichend. Insofern ist die oben erwähnte Kritik des I. GBO-Entwurfs an den starren Vorstellungen der Motive in der Vermessungsfrage berechtigt. Sie schießt jedoch weit über das Ziel hinaus, wenn sie meint, eine Vermessung städtischer Grundstücke sei überhaupt entbehrlich – denn dann ließe sich die Grundstücksgröße nicht ermitteln.

Auf dem Lande könnte dagegen das »general boundaries«-System nur in dicht besiedelten Gegenden, die topographisch der englischen Landstruktur ähneln, Anwendung finden. Das mag auf einige deutsche Landstriche zutreffen, keinesfalls aber auf Australien und die USA. In den weiten, oft nur spärlich besiedelten Flächen dieser Staaten finden sich kaum natürliche Markierungen, die als optische Anhaltspunkte für den Grenzverlauf dienen könnten. Hier müssen folglich als unabdingbare Voraussetzung der Grundbuchanlegung die Grenzlinien mit Hilfe geometrischer Vermessung ermittelt und kartographisch genau festgelegt werden.

Die letzte wesentliche Differenz, die die Vergleichsländer in einer technischen Vermessungsfrage aufweisen – Einzel- oder Gebietsvermessung – ist ebenfalls aus Kostengründen bedeutsam. Mit der geometrischen Ermittlung der Lage- und Größenverhältnisse eines Grundstücks ist nämlich zwangs-

---

[31]) So in Deutschland (oben § 4 Anm. 58) und England (Ruoff, Practice, S. 14; Quinn S. 238). Ebenso Bordwell, Resurrection, S. 488.

[32]) Oben § 10.

[33]) Ruoff S. 38/39.

[34]) Vgl. Ruoff S. 51.

läufig zugleich ein Teil der Vermessungsarbeit für sämtliche Nachbargrundstücke geleistet. Es ist daher wesentlich billiger, die Vermessung auch auf diese Parzellen, deren Nachbargrundstücke und letztlich auf ein größeres, zusammenhängendes Gebiet auszudehnen, als es bei der willkürlichen ad hoc-Vermessung eines einzelnen Grundstücks zu belassen. Bei späterer Buchung der Nachbargrundstücke würde in diesem Falle jeweils eine vollständige Vermessung der einzelnen Parzellen erforderlich[35]).

Die australische Praxis zeigt anschaulich die Kostspieligkeit dieses Verfahrens: ein erheblicher, bisweilen sogar der größte Teil der Buchungsgebühren von austr. £ 100-200 im Bundesstaate Neu-Süd Wales betrifft Vermessungskosten[36]).

Die in England und Deutschland praktizierte systematische Gebietsvermessung ist aus diesem Grunde – obwohl sie viel Zeit erfordert – der willkürlichen Einzelvermessung von Fall zu Fall vorzuziehen, wie sie in den USA und in Australien üblich ist.

Zusammenfassend ergibt sich mithin, daß als Individualisierungsmittel nur die geometrische Bodenvermessung in Frage kommt. Ihre Finanzierung sollte der Staat übernehmen. Aus Kostengründen ist sie systematisch-gebietsweise durchzuführen, bei geeigneter topographischer Struktur kann darüber hinaus auf eine exakte Festlegung der Grundstücksgrenzen verzichtet werden.

§ 38

d) Grundbuchzwang

Die Grundbuchgesetze der Vergleichsländer lassen drei Lösungen dieser Frage erkennen: absoluter Buchungszwang, absolute Freiwilligkeit und begrenzter Buchungszwang. Absoluter Zwang herrscht in Deutschland[37]), Neuseeland und einigen australischen und kanadischen Bundesstaaten[38]); völlig freiwillig ist die Buchung in allen u.s.-amerikanischen Bundesstaaten mit Ausnahme Hawaiis und der Städte Chicago und Minneapolis[39]); begrenzt ist der Buchungszwang schließlich durchgeführt in England, den meisten australischen und kanadischen Bundesstaaten sowie in Hawaii, Chicago und Minneapolis[39])[40]). Anknüpfungspunkte des begrenzten Buchungszwangs sind entweder die Grundstücksveräußerung (Vergabe von Kronland in Australien und Kanada, private Veräußerung in England [selective compulsion]), oder bestimmte Qualifikationen des Grundeigentümers (Handelsgesellschaften in Hawaii, städtische Grundstücke in Chicago und Minneapolis).

Eine kritische Beurteilung dieser Lösungen muß von der Frage ausgehen,

---

[35]) Stewart-Wallace S. 75; Dowson-Sheppard S. 94.
[36]) Registration of Title in New South Wales, S. 130.
[37]) Oben § 4 Anm. 48.
[38]) Oben § 14 Anm. 46-48.
[39]) Oben § 27 Anm. 21.
[40]) Oben § 10 4c; § 14 Anm. 14, 15.

ob – absoluter oder begrenzter – Buchungszwang grundsätzlich deshalb erforderlich ist, weil ein ausschließlich freiwilliges Grundbuchsystem sich nicht durchzusetzen vermag. Dieses Problem kann aus finanziellen Gründen nicht dahingestellt bleiben, denn ein Staat, der Grundbuchzwang anordnet, muß die erheblichen Anlegungskosten ganz oder doch überwiegend tragen[41]). Einziges Kriterium sind dabei die Erfahrungen, die man insoweit in den Vergleichsländern gesammelt hat. Sie lassen klar erkennen, daß das Grundbuchsystem nur in Staaten mit Buchungszwang überzeugende Erfolge (Deutschland, Neuseeland, Australien, Kanada) oder doch feste Ansätze einer erfolgreichen Entwicklung (England seit Einführung der selective compulsion durch den Land Transfer Act 1897) verzeichnen kann – es hat sich weder im frühen England (freiwillige Grundbuchgesetze von 1862 und 1875) noch in den U.S.-Bundesstaaten mit Buchungsfreiwilligkeit durchgesetzt. Da überdies in den wenigen U.S.-Gebieten mit nennenswerter Grundbuchaktivität überwiegend auch begrenzter Buchungszwang herrscht (Chicago, Hawaii und Minneapolis!), liegt prima facie die Vermutung nahe, daß ohne ein Mindestmaß an Zwang nicht auszukommen ist. Aufgabe der folgenden Untersuchung wird es daher sein, die Richtigkeit dieser Vermutung zu überprüfen. Dabei gilt es, die Faktoren zu ermitteln, die der Entfaltung des freiwilligen Grundbuchwesens im Wege stehen und zu prüfen, ob Zwangsmaßnahmen zu ihrer Überwindung erforderlich sind. Sollte sich ergeben, daß Buchungszwang grundsätzlich notwendig ist, so bliebe abschließend zu untersuchen, in welcher Form – absolut oder begrenzt – er im Einzelfall am zweckmäßigsten durchzuführen ist.

Für das Scheitern des Freiwilligkeitsprinzips sind gewiß die oben besprochenen materiell- und formellrechtlichen Mängel, insbesondere der lückenhaft durchgeführte Eintragungsgrundsatz, das umständliche Anlegungsverfahren und die schlechte Organisation des Grundbuchapparats in den anglo-amerikanischen Ländern mitverantwortlich. Auch hohe Verfahrens- und Vermessungskosten haben sicherlich manchen Grundeigentümer von der Buchung abgehalten. Das beweist namentlich der bescheidene Erfolg des Torrenssystems in den Städten Chicago, Minneapolis, St. Paul und Duluth. Zumindest in St. Paul und Duluth – wo keinerlei Grundbuchzwang herrscht – ist dieser Erfolg ausschließlich auf finanzielle Zuschüsse der Grafschaftsbehörden[42]) zurückzuführen, die eine Annäherung der Verfahrensgebühren an das Preisniveau der Titelversicherung und Lawyer's Opinion ermöglichen[43]).

Entscheidender Grund für das Versagen des freiwilligen Buchungswesens

---

[41]) Hedemann, 2. Hälfte, S. 47; Bordwell, Resurrection, S. 488. So auch in Deutschland (oben § 4 Anm. 59) und England (siehe Gebührentabelle No. 1 der Land Registration Fee Order, abgedruckt bei Ruoff, Practice, S. 256).

[42]) Die Grafschaften Hennepin, Ramsey und St. Louis (Städte Minneapolis, St. Paul und Duluth) übernehmen die Kosten des »official examiner of title« (Bordwell, Resurrection, S. 482 Anm. 71; Patton, Registration, S. 531/532). In Illinois, dessen Torrensgesetz bisher nur in der Grafschaft Cook (Chicago) gilt (oben § 27), trägt die Grafschaft ebenfalls einen Teil der Buchungskosten (Bordwell, Registration, S. 135, Resurrection, S. 482 Anm. 72; The Torrens System in Illinois, S. 506). Alle anderen amerikanischen Torrensgesetze sehen keine staatlichen Zuschüsse vor.

[43]) Vgl. Bordwell, Resurrection, S. 482; Powell § 923 S. 318 Anm. 3.

scheinen mir jedoch soziologische und wirtschaftliche Faktoren zu sein, die sich in der Haltung der Grundeigentümer, Rechtsanwälte und anderer, an Grundstücksgeschäften mitwirkenden Berufsgruppen gegenüber dem Grundbuchsystem widerspiegeln.

So haben Umfragen in den USA ergeben, daß viele Rechtsanwälte nicht einmal wissen, daß in ihrem Heimatstaat neben der herkömmlichen Deeds Registration alternativ auch ein Grundbuchsystem zur Verfügung steht. Die ebenfalls allerorts konstatierte Unkenntnis der Grundeigentümer erstaunt daher nicht, denn »if the lawyer is ignorant, the client will be ignorant«[44]). Andere sind nicht bereit, die traditionelle, jedermann bekannte Deeds Registration trotz ihrer zahlreichen Unzulänglichkeiten zugunsten eines neuen, ganz unbekannten Systems aufzugeben. Stark ausgeprägtes Traditionsbewußtsein hat sich als entscheidendes Hindernis erwiesen: Grundeigentümer und Anwälte lassen sich nicht ohne weiteres von dem geschichtlich tief verwurzelten und seit jeher akzeptierten Registersystem abbringen[45]). »Lawyers always distrust a departure from established ways«[46]) – typisch sind insoweit auch die Bemerkungen eines Registerführers aus Nord-Karolina: »The present system is sufficient. To change it would be like changing the Constitution. The people are satisfied with the one hundred and fifty years old system« – und die Äußerung eines kalifornischen Anwalts: »The majority of purchasers of real property are conservative and this conservatism has contributed materially to the difficulty of a normal development of the (Torrens) system and has produced an apathy«[45]).

Die gleiche Einstellung der Bevölkerung und des Anwaltsstandes (solicitors) war in England weit verbreitet:[47]) Noch im Jahre 1951 sah sich die britische Regierung veranlaßt, vor Einführung des Buchungszwangs (selective compulsion) in der Grafschaft Surrey auf Grund der Opposition der Anwaltschaft, die sich geschlossen für die Beibehaltung des »private conveyancing« aussprach, einen ranghohen Richter mit einer offiziellen Untersuchung zu beauftragen[48]). Auch Sir Robert Torrens traf bei der Verabschiedung seines Grundbuchgesetzes im süd-australischen Kolonialparlament auf den erbitterten Widerstand des Anwalts- und Richterstandes der Kolonie[49]).

Diese zähe Opposition des anglo-amerikanischen Anwaltsstandes ist natürlich nicht nur emotional motiviert, maßgeblich ist vor allem auch die Furcht vor finanziellen Einbußen. Zweifellos ist der Titel eines Grundstücksbesitzers unter einem Grundbuchsystem in ganz anderem Maße gewährleistet und daher die Beherrschung des Grundstücksverkehrs durch die Anwälte weit mehr eingeschränkt, als in einem Rechtssystem, das keine Grundbücher kennt. Dort ist die anwaltliche Beratung unentbehrlich, zumal wenn – wie noch über-

---

[44]) Vgl. die instruktiven Beispiele bei McCall S. 342/343, 347; Heinrich S. 337/338 und The Torrens System in Illinois, S. 508.

[45]) McCall und Heinrich aaO.

[46]) Powell § 922 S. 317.

[47]) Siehe Zitate bei Fairchild-Springer S. 567; Stewart-Wallace S. 5 und Greene S. 164.

[48]) Oben § 33 Anm. 8. Vgl. auch die im Literaturverzeichnis angeführten Aufsätze von Greene.

[49]) Oben § 14 Anm. 12 und Text.

wiegend im anglo-amerikanischen Rechtskreis – das Immobiliarsachenrecht schwierig und kompliziert ist[50]). Die Furcht vor dem Verlust einer einträglichen Praxis, die bereits im 17. Jahrhundert jeden Versuch einer Registereinführung in England scheitern ließ[51]), dominiert bei anglo-amerikanischen Anwälten auch heute noch[52]). Sie ist begründet, denn ein Einnahmerückgang ist unvermeidlich[53]), er wäre in ländlichen Gegenden der USA wegen des Fortfalls der hohen Titelprüfungsgebühren sogar beträchtlich.

Dennoch wäre diese Opposition möglicherweise weniger virulent, wenn das Torrenssystem in seinen Anfangsjahren einen etwas »anwaltsfreundlicheren« Anstrich gehabt hätte. Sir Robert Torrens' erklärte Absicht, die Anwaltschaft vom Grundbuchgeschäft fernzuhalten[54]), mußte die australischen Anwälte – jenseits aller finanziellen Erwägungen – persönlich erbittern und kränken. Als sich später erwies, daß im Interesse der Rechtssicherheit auch das Torrenssystem nicht auf ein förmliches Abwicklungsverfahren unter anwaltlicher Mitwirkung verzichten konnte[55]), war das Mißtrauen der Rechtsberater bereits tief verwurzelt und irreparabler Schaden angerichtet. Es wäre psychologisch klüger gewesen, der Anwaltschaft von vornherein bestimmte Mitwirkungsrechte zuzugestehen, möglicherweise hätte sich dieser Berufsstand dann – trotz geringerer Einnahmen – mit dem neuen System abgefunden. Die englischen Grundbuchbehörden scheinen jedenfalls aus diesem Fehler gelernt zu haben, denn sie lassen neuerdings offiziell verlauten, daß die Mitarbeit der Anwälte auch bei der Title Registration erforderlich und erwünscht sei[53]).

Interessant ist in diesem Zusammenhang auch ein Blick auf die Geschichte des deutschen Grundbuchrechts. Das notarielle Mitwirkungsrecht bei der Auflassung (§ 925 BGB), für die ursprünglich ausschließliche Zuständigkeit der Amtsgerichte vorgesehen war, ist auf die Intervention einiger bayerischer Notare zurückzuführen, die sich während der Beratungen der GBO- und BGB-Entwürfe aus finanziellen Erwägungen gegen das Grundbuchsystem ausgesprochen hatten[56]). Man sollte dieses Entgegenkommen des Gesetzgebers aber nicht überbewerten: es wird sich um eine bloße Gefälligkeit gehandelt haben, Furcht vor einem eventuellen Boykott des Grundbuchsystems dürfte als Motiv auszuschließen sein. Denn eine zielstrebige Opposition, welche die Einführung des Grundbuchsystems hätte verzögern oder gar vereiteln können, wäre in Deutschland schon deswegen undenkbar gewesen, weil es bei uns nie zur Ausbildung von Juristenrecht und der damit verbundenen Emanzipation des

---

[50]) Vgl. Koschaker S. 215 Anm. 3.

[51]) Oben § 7 am Ende.

[52]) Für England vgl. FitzGerald S. 129; Fairchild-Springer S. 567 und Greene (oben Anm. 48); für Kanada vgl. Magwood S. 95/96; für die USA vgl. McCall S. 348 und 48 Yale L. J. S. 1245.

[53]) Vgl. die Broschüre der H. M. Land Registry »Registration of Title to Land« S. 6, §§ 12, 13 (auszugsweise auch bei FitzGerald S. 129 angeführt).

[54]) Oben § 14.

[55]) Oben § 14 Anm. 43; auch der amerikanische Oberrichter Davis stellte fest: »It is a popular fallacy that a layman can take a registered certificate of title and deal with it in perfect safety. He can not.« (Zitat bei Cushman S. 604).

[56]) Vgl. Mot. Band 3 S. 20 Anm. 1; Prot. Band 3 S. 175/176; Hedemann, 2. Hälfte, S. 268/269.

Anwalts- und Notarstandes gekommen ist. Außerdem obliegt die Wahrnehmung liegenschaftsrechtlicher Geschäfte bei uns seit jeher nicht der freien Anwaltschaft, sondern dem Notariat, das infolge seiner halbamtlichen Stellung zu erhöhter Loyalität gegenüber Gesetzgeber und Verwaltung verpflichtet ist.

Die oben erörterte Anwaltsopposition ist demnach ein spezifisch angloamerikanisches Phänomen: treffend vergleicht Koschaker[57]) den hinhaltenden Widerstand der anglo-amerikanischen Anwälte gegen das Grundbuchsystem mit dem Kampf der englischen Juristen des 12. und 13. Jahrhunderts gegen die Rezeption des römischen Rechts.

In den USA haben sich darüber hinaus die großen kommerziellen Interessenverbände der Titelversicherer und Abstractorgesellschaften von Anfang an hartnäckig und erfolgreich dem Torrenssystem widersetzt – denn die Dienste dieser Erwerbszweige, die ihre Existenz nur der unzulänglichen Deeds Registration verdanken, wären unter einem Grundbuchsystem überflüssig[58]). Sind diese Gesellschaften einerseits im Begriff, durch intensive Werbung die Lawyer's Opinion aus dem Titelschutzgeschäft zu verdrängen[59]), so führen sie andererseits seit Jahrzehnten eine aufwendige Propagandakampagne gegen das Torrenssystem[60]) (aus dem Widerstand der Anwaltsorganisationen gegen das Torrenssystem ergibt sich im übrigen die ironische Konsequenz, daß sie die Monopolbestrebungen der eigenen Konkurrenz unterstützen: die Anwälte wären besser beraten, das Grundbuchsystem, das ihnen immerhin eingeschränkte Verdienstmöglichkeiten beläßt, zu akzeptieren). Lobbies der Titelversicherungs- und Abstractorverbände konnten in mehreren Unionsparlamenten die Verabschiedung von Torrensgesetzen verhindern, anderwärts wurden die Gesetzesvorlagen bis zur Unbrauchbarkeit verwässert: Verfasser des ersten, wegen seines überaus umständlichen Buchungsverfahrens praktisch unanwendbaren New Yorker Grundbuchgesetzes war z. B. ein Rechtslehrer, der mit einem Jahresgehalt von $ 10 000 im Dienste der örtlichen Titelversicherer stand; dem Einfluß der Abstractorgesellschaften ist es zuzuschreiben, daß der buchungswillige Grundbesitzer nach dem Torrensgesetz des Staates Washington einen vollständigen, kostspieligen abstract of title vorlegen muß[61]). Titelversicherer in New York und Chicago gewähren Rechtsanwälten, die neue Versicherungsnehmer vermitteln, Kommissionen in Höhe von 10-25% der Prämie, ähnliches wird von den Abstractorgesellschaften dieser Städte berichtet[62]).

Entscheidend kommt schließlich hinzu, daß ein Torrensgrundstück nicht ohne weiteres hypothekarisch beleihbar ist: während kalifornische Geldinstitute gebuchten Grundstücken sogar jeglichen Kredit versagen[63]), fordern

---

[57]) S. 215 Anm. 3.
[58]) Siehe Payne, Crisis, S. 221, insbesondere Anm. 16 und McCall S. 349.
[59]) Oben § 26.
[60]) Johnstone S. 513/514; Heinrich S. 336; McCall S. 349.
[61]) Vgl. zu Vorstehendem McCall S. 349/350; Heinrich S. 336; 48 Yale L. J. S. 1245; McDougal, Brabner-Smith S. 1147 Anm. 125.
[62]) Fairchild-Springer S. 574; McDougal, Brabner-Smith S. 1148.
[63]) McCall S. 350; das kalifornische Torrensgesetz ist heute aufgehoben (oben § 27 Anm. 25).

die übrigen amerikanischen Hypothekenbanken, Lebensversicherer und Baufinanzierungsgesellschaften durchweg den Abschluß einer Titelversicherung[64]. Vor allem dieser faktische Versicherungszwang, der den Titelversicherern bereits einen wichtigen Wettbewerbsvorteil gegenüber dem Lawyer's Opinion System sichert[65], hat die Vorzüge des Grundbuchsystems, das doch gerade eine Ausschaltung der Titelversicherung bezweckt, in den Vereinigten Staaten weitgehend zunichte gemacht.

Nach Schätzungen ist die aktive Opposition gegen das Torrenssystem zu etwa 85% auf das Wirken dieser Interessenverbände zurückzuführen[66]. Wirksame Gegenwerbung können die finanziell schlecht ausgestatteten Grundbuchämter nur in bescheidenem Umfang führen[67], überdies ist selbst in Kreisen der Registerbeamten Widerstand gegen das Torrenssystem spürbar: teils aus Unkenntnis oder Bequemlichkeit, in ländlichen Bezirken auch aus Furcht, lukrative Nebeneinnahmen aus der Fertigung von abstracts of title zu verlieren[68].

Andere Anhänger des Torrenssystems – überwiegend Rechtslehrer, aber auch einige Anwälte und Richter[69] – die sich zur Propagierung des Grundbuchgedankens zum Teil in sog. »Torrens Leagues« oder »Torrens Clubs« zusammengeschlossen haben[70], vermögen gegen die kommerzielle Übermacht der Interessenverbände wenig auszurichten[71].

Zusammenfassend läßt sich daher feststellen: Unkenntnis und Ablehnung der Grundbesitzer und Rechtsanwälte haben sich im gesamten anglo-amerikanischen Rechtskreis nachträglich auf die Entfaltung des freiwilligen Grundbuchwesens ausgewirkt. In den USA ist das Scheitern des Freiwilligkeitsprinzips darüber hinaus auf die wirtschaftlich motivierte Opposition von Interessengruppen, die an Grundstücksgeschäften mitwirken, zurückzuführen.

Gegenüber diesen Kräften können staatliche Finanzzuschüsse, Werbekam-

---

64) Andere verlangen einen vollständigen abstract of title, wieder andere beleihen nicht versicherte Torrensgrundstücke nur in geringer Höhe. Vgl. zu allem McCall S. 350; Johnstone S. 503; McDougal, Brabner-Smith S. 1147 Anm. 125; 48 Yale L J. S. 1245; Goth S. 235 Anm. 6; Nelson S. 622 Anm. 39; Cushmann S. 605/606.

65) Oben § 26: in bezug auf nicht gebuchte Grundstücke läßt sich der faktische Versicherungszwang noch durch die Erwägung rechtfertigen, daß für die Geldinstitute die Titelversicherung dank günstiger Versicherungsbedingungen der Lawyer's Opinion als Schutzsystem überlegen ist. Die Einbeziehung von Torrensgrundstücken ist dagegen allein auf enge Geschäftsbeziehungen und finanzielle Verflechtungen zwischen Titelversicherern und Finanzierungsgesellschaften zurückzuführen (Heinrich S. 336 Anm. 59).

66) McCall S. 349 Anm. 56.

67) Nelson S. 622; Johnstone S. 513/514.

68) Watts S. 455; McCall S. 348/349; Heinrich S. 330 Anm. 47; 68 Yale L. J. S. 1316 Anm. 315.

69) McDougal, Brabner-Smith aaO.; Fairchild-Springer aaO.

70) Bordwell, Resurrection, S. 471; der schon mehrfach zitierte Rechtsanwalt Fairchild war Präsident der »New York Torrens Title League« (Fairchild-Springer S. 557 Anm. 6).

71) Man darf in diesem Zusammenhang nicht vergessen, daß Titelversicherer und Abstractorgesellschaften schon deswegen einen wichtigen Wettbewerbsvorteil gegenüber dem Torrenssystem innehaben, weil sie zur Zeit des Erlasses der ersten u. s.-amerikanischen Grundbuchgesetze bereits fest auf dem Grundstücksmarkt etabliert waren (oben § 31 und § 26 am Anfang).

pagnen, institutionelle Berufsgarantien oder materiellrechtliche Reformen die Grundbuchanlegung allenfalls begrenzt fördern. So ist in Chicago insgesamt nur $^{1}/_{5}$ des Stadtgebietes gebucht[72]), obwohl das Torrenssystem dort erheblich subventioniert wird (die Buchung ist nicht teurer als eine Titelversicherungsprämie)[73]), und der New Yorker Buchungsbestand hat trotz Garantiefonds, Ausschlusses der Kontratabularersitzung und lückenlos durchgeführten Eintragungsgrundsatzes[74]) seit 25 Jahren keine nennenswerten Neuzugänge zu verzeichnen[75]).

Erfolgreich lassen sich Desinteresse und organisierte Opposition nur durch Einführung des Grundbuchzwangs bekämpfen. Das beweisen die Erfahrungen, die insoweit in England, dem U.S.-Bundesstaat Hawaii und in Kanada gemacht wurden. Seit Inkrafttreten des englischen Land Registration Act – und namentlich in den vergangenen zehn Jahren – hat der einst heftige Widerstand der solicitors spürbar nachgelassen. Als Folge ist eine »grundbuchfreundlichere« Einstellung der Landbesitzer und eine Zunahme der freiwilligen Buchungen zu verzeichnen – Faktoren, die zwar die englische Buchanlegung noch nicht zum Abschluß führen konnten (die meisten Grundstücke sind noch ungebucht, nur etwa $^{1}/_{4}$ aller Verfügungen werden gegenwärtig über das Grundbuch abgewickelt[76]), die aber doch einen sicheren, im englischen Rechtsleben fest verankerten Ansatz zu einer positiven Entwicklung darstellen. Dieses Phänomen ist entscheidend auf den Erfolg der Land Registration in den Grafschaften und Städten mit Grundbuchzwang zurückzuführen[77]). Noch eindrucksvoller ist die Entwicklung auf Hawaii verlaufen, wo unter dem Einfluß des Buchungszwangs für Gesellschaftsgrundstücke auf der Hauptinsel Oahu (Honolulu) bereits mehr als 50% des Landes torrensgebucht wurde: in krassem Gegensatz zur üblichen amerikanischen Praxis beleihen die dortigen Kreditinstitute vorzugsweise gebuchte Grundstücke[78]). Mit Recht betont schließlich Bordwell[79]), daß die praktisch abgeschlossene Buchanlegung in den kanadischen Provinzen Manitoba, Alberta und Saskatchewan nur dem dort durchgeführten Grundbuchzwang zu verdanken ist.

Zu prüfen bleibt, in welcher Form – absolut oder begrenzt – der Buchungszwang im Einzelfall am zweckmäßigsten durchzuführen ist.

Die Vorteile des Grundbuchsystems wirken sich um so mehr aus, je vollständiger die Grundstücke des betreffenden Landes erfaßt sind, das ideale Postulat lautet: »möglichst umfassende Buchung in möglichst kurzer Zeit«. Zweifellos läßt sich dieses Ziel optimal nur durch absoluten Grundbuchzwang erreichen. Zu bedenken ist jedoch, daß ein Staat, der nicht auf einen Steuerkataster als Vermessungsunterlage zurückgreifen kann, Buchanlegungs- und Bodenvermessungskosten gleichzeitig tragen muß. Da eine umfassende, syste-

---

72) Oben § 27 Anm. 29.
73) Bordwell, Registration, S. 135.
74) Oben § 33 Anm. 1.
75) Oben § 27 am Ende.
76) Oben § 11 Anm. 87.
77) The Future of Registered Conveyancing aaO. S. 61; Bordwell, Resurrection, S. 481.
78) Patton, The Extension of the Torrens System aaO. S. 223.
79) Registration, S. 137.

matische Buchanlegung für sich genommen schon kostspielig ist, werden der Durchführung des absoluten Grundbuchzwangs in der Regel finanzielle Erwägungen entgegenstehen[80]).

Es fragt sich demnach, wie das obige Postulat unter Berücksichtigung einer zumutbaren finanziellen Belastung durch begrenzten Buchungszwang verwirklicht werden kann. Zunächst ist die Brauchbarkeit der insoweit in den Vergleichsländern gefundenen Kompromißlösungen zu prüfen.

Hinsichtlich jener Varianten des begrenzten Buchungszwangs, die an bestimmte Qualifikationen des Grundstücksbesitzers anknüpfen, lassen sich keine generellen Feststellungen treffen. Sie sind sicherlich unbrauchbar, sofern ihr Wirkungsbereich von vornherein auf wenige Grundstücke beschränkt ist, wie z. B. städtischer Besitz in Chicago und Minneapolis. Dieser eng umrissene Rahmen schließt eine auch nur annähernd vollständige Grundstückserfassung schon begrifflich aus und stellt keinen Anreiz für freiwillige Buchungen dar.

Aus finanziellen Gründen müssen andererseits aber auch Lösungen außer Betracht bleiben, die im Ergebnis einem absoluten Buchungszwang gleichkommen. Das trifft insbesondere auf Buchungszwang für hypothekarisch belastete Grundstücke zu, wie es z. B. das bayerische Hypothekengesetz von 1822 vorsah[81]). Denn angesichts der heutigen Bedeutung des Bodenkredits gäbe es hier praktisch keine buchungsfreien Grundstücke. Der Anknüpfungspunkt des U.S.-Bundesstaates Hawaii – Gesellschaftsbesitz – läßt sich schließlich nur dann verwenden, wenn, wie in jenem Staat, ein beträchtlicher Teil des Landes Handelsgesellschaften gehört und somit eine ausreichende Zahl buchungspflichtiger Grundstücke vorhanden ist.

Wesentlich brauchbarer als die eben besprochenen Anknüpfungspunkte erscheinen die australischen, kanadischen und englischen Lösungen, die die Buchungspflicht an eine Veräußerung knüpfen.

Die australisch-kanadische Regelung – Buchung von veräußertem Kronland – kann in dünn besiedelten, unerschlossenen Gebieten, deren Grund und Boden noch überwiegend dem Staat gehört und im Zuge der Erschließung laufend an Siedler verliehen werden soll, zu einer umfassenden Buchung führen. Allerdings lehrt die Buchungspraxis des Bundesstaates Neu-Süd Wales[82]), daß dieses Verfahren nur in abgewandelter Form finanziell attraktiv ist: entsprechend einer rationellen Vermessungstechnik muß die Grundstücksverleihung systematisch-gebietsweise erfolgen.

Die englische »selective compulsion« ist der derzeitigen australisch-kanadischen Lösung insoweit überlegen, denn sie läuft synchron mit den Vermessungsarbeiten: erst nach Abschluß der systematischen Gebietsvermessung in einer Stadt oder Grafschaft setzt der begrenzte Buchungszwang ein[83]). Andererseits weist jedoch die »selective compulsion« gegenüber der australisch-kanadischen Lösung einen schwerwiegenden Nachteil auf: da erst eine

---

[80]) Hedemann, 2. Hälfte, S. 45; Stewart-Wallace S. 73.
[81]) Hedemann, 2. Hälfte, S. 51, 45.
[82]) Oben § 37 Anm. 36.
[83]) Report on H. M. Land Registry 1962/1963 S. 3; Quinn S. 237; Dowson-Sheppard S. 44/45.

Grundstücksverfügung den Buchungszwang auslöst, hängt es weitgehend vom Zufall ab, wann die Erfassung aller Grundstücke eines Anlagebezirks abgeschlossen wird. Insbesondere in ländlichen Gebieten, wo Grundstücke über Generationen im Familienbesitz bleiben, ist eine vollständige buchmäßige Erfassung innerhalb absehbarer Zeit ausgeschlossen[84]). Man hat diesen Nachteil in England durchaus gesehen, man glaubte jedoch, sich wegen der Vermessungskosten aus finanziellen Gründen mit dem Kompromiß der »selective compulsion« begnügen zu müssen[80]).

Eine finanziell zumutbare Lösung, die innerhalb absehbarer Zeit einen Abschluß der Buchanlegung ermöglichen würde, scheint mir ein Mischsystem zwischen der englischen »selective compulsion« und unserem absoluten Grundbuchzwang darzustellen: Nach Anordnung des Grundbuchzwangs im Anlagebezirk wären veräußerte Grundstücke im Zeitpunkt der Veräußerung, alle anderen Grundstücke spätestens bis zum Ablauf einer länger bemessenen Frist (10-20 Jahre) zu buchen. So ließen sich einerseits die Anlegungskosten auf einen gewissen Zeitraum verteilen, andererseits wäre die vollständige Erfassung sämtlicher Parzellen des Anlagebezirks innerhalb dieses Zeitraums sichergestellt.

Die Einführung des Buchungszwangs in der hier vorgeschlagenen Form könnte wesentlich zur Förderung des Grundbuchwesens in England und insbesondere in den USA beitragen. Im Anschluß an die Entscheidung Anderson/Shepard[85]) wird zwar in der amerikanischen Lehre die Verfassungsmäßigkeit des Grundbuchzwangs gelegentlich bezweifelt[86]). Diese Entscheidung, die ein Illinois-Gesetz für verfassungswidrig erklärte, das Zwangsbuchung für Grundstücke unter Testamentsvollstreckung vorsah, wird jedoch lediglich von der Erwägung getragen, daß die Anordnung des Grundbuchzwangs ausschließlich zuungunsten eines bestimmten Personenkreises gegen den Gleichheitssatz verstößt. Unter Bezugnahme auf andere Urteile heißt es in den Entscheidungsgründen ausdrücklich, daß ein allgemeiner, sämtliche Grundstücksbesitzer gleichermaßen treffender Buchungszwang verfassungskonform ist. Die insoweit von Nelson und Cushman[86]) geltend gemachten Bedenken sind folglich unbegründet.

Zusammenfassend läßt sich zu dem Problemkreis »Grundbuchanlegung« folgendes feststellen:

Die Buchung sollte im Rahmen eines summarischen, verwaltungsförmig ausgestalteten Verfahrens erfolgen. Notwendig ist eine vorherige geometrische Bodenvermessung, die aus Kostengründen systematisch-gebietsweise durchzuführen ist. Bei geeigneter topographischer Struktur kann dabei auf eine genaue Festlegung des Verlaufs der Grundstücksgrenzen verzichtet werden. Vermessungs- und Verfahrenskosten sollte der Staat weitgehend übernehmen. Im Interesse eines umfassenden Grundbuchaufbaues ist schließlich Grundbuchzwang erforderlich. Läßt sich ein absoluter Buchungszwang aus finanziel-

---

84) Siehe Dowson-Sheppard S. 41; Wade S. 220.
85) Supreme Court of Illinois 121 N.E. 215 (1918).
86) So Nelson S. 622 und Cushman S. 605.

len Gründen nicht durchführen, so empfiehlt sich ein auf Elementen der deutschen und englischen Regelung aufgebautes Mischsystem.

Das rückständige u.s.-amerikanische Grundbuchwesen würde in besonderem Maße von einer Umgestaltung des Anlegungsverfahrens in dem hier vorgeschlagenen Sinne profitieren. Verfassungsmäßige Bedenken, die vereinzelt gegen Verwaltungsverfahren und Zwangsbuchung erhoben werden, sind unbegründet.

§ 39

D. ERGEBNIS

I Das Transkriptionsregister ist zur Abwicklung des gesteigerten Grundstücksverkehrs eines modernen Staates ungeeignet. Auch der gesetzliche und kommerzielle Titelschutz vermag den Mängeln dieses Systems nicht wirksam abzuhelfen. Sinnvolle Dienste kann er lediglich als Hilfsmittel zur Überbrückung der Schwierigkeiten leisten, die bis zur Umstellung auf das allein brauchbare Grundbuchsystem gemeistert werden müssen.

II Die dogmatischen Grundprinzipien des deutschen Rechts – materielles Eintragungsprinzip, öffentlicher Glaube des Buches, Legalitäts- und Entschädigungsprinzip – sind in den Grundbuchsystemen sämtlicher angloamerikanischer Vergleichsländer verwirklicht; übereinstimmend wird ferner das Realfoliumsprinzip als Ordnungsmethode bei der Buchanlegung verwendet. Diese Prinzipien sind zwar unentbehrliche Bestandteile eines Grundbuchsystems: die Durchführung des Eintragungsgrundsatzes in Verbindung mit dem materiellen Publizitäts- und Legalitätsprinzip schafft weitgehende Rechtssicherheit, das Realfoliumsprinzip vermittelt Übersichtlichkeit der Eintragungen und das Entschädigungsprinzip gewährleistet Kompensation für Rechtsverluste, die auf Grund des öffentlichen Glaubens des Buches selbst bei strengster Anwendung des Legalitätsprinzips unvermeidlich sind.

Die Untersuchung hat jedoch gezeigt, daß die grundsätzliche Durchführung dieser Prinzipien allein nicht ausreicht, um den Erfolg eines Buchsystems zu sichern. Unterschiede in der praktischen Ausgestaltung dieser und anderer Prinzipien können dessen Funktionsfähigkeit vielmehr ganz entscheidend beeinflussen.

Zum Teil sind diese Auswirkungen zwar nur gering: so bei der Frage, ob Garantiefonds oder Staat als Schadensersatzträger fungieren sollen. Auch die unbillige Ausgestaltung des materiellen Publizitätsprinzips im deutschen Recht hat die Brauchbarkeit unseres Grundbuchrechts nicht wesentlich beeinträchtigt.

Die anglo-amerikanische Grundbuchpraxis läßt jedoch erkennen, daß in der Regel schwerer wiegende Auswirkungen zu erwarten sind: die Untersuchung hat ergeben, daß insoweit bestimmte Mindestvoraussetzungen erfüllt sein müssen, ohne die ein Grundbuchsystem nur schlecht arbeitet oder sogar versagt. Im einzelnen handelt es sich dabei um folgende Faktoren:

1. Politisches, soziologisches oder wirtschaftliches Bedürfnis für ein Grundbuchsystem.
2. Systematisch aufgebaute und sprachlich klare Kodifikation.
3. Lückenloser Eintragungsgrundsatz für private Rechte.
4. Weitgehende Ausdehnung des Eintragungsgrundsatzes auf öffentlich-rechtliche Lasten und Nutzungsbeschränkungen.
5. Einfaches materielles Liegenschaftsrecht, insbesondere sachenrechtlicher numerus clausus.
6. Materielles Konsensprinzip in Verbindung mit dem materiellen Publizitätsprinzip als Durchführungsform des Eintragungsgrundsatzes.

7. Ausreichende sachliche und personelle Organisation der Grundbuchämter.
8. Verwaltungsförmiges, summarisches Anlegungsverfahren.
9. Systematisch-gebietsweise durchzuführende geometrische Bodenvermessung als topographische Bestimmungsmethode.
10. Mindestmaß an Grundbuchzwang.
11. Weitgehende Übernahme der Anlegungsverfahrens- und Vermessungskosten durch den Staat.

Anders als früher ist in den Vereinigten Staaten heute zwar ein Bedürfnis für ein Grundbuchsystem vorhanden. Die U.S.-Torrensgesetze mußten sich jedoch als Fehlschlag erweisen, da sie durchweg nur zwei der oben genannten Voraussetzungen – saubere Kodifikation und materielles Konsensprinzip – verwirklichen.

Das australische Grundbuchrecht ist in acht Punkten reformbedürftig. Besonders dringlich sind: Übersichtliche Neufassung der Torrensgesetze, Erweiterung des Eintragungsprinzips, sachenrechtlicher Typenzwang und höhere staatliche Subventionen. Wünschenswert wäre außerdem die endgültige Übernahme des materiellen Konsensprinzips durch die Rechtsprechung, die Reorganisation des Vermessungswesens und die Ausdehnung des absoluten Buchungszwangs auf alle Bundesstaaten. Die Untersuchung hat gezeigt, daß sich das Fehlen dieser Voraussetzungen trotz weitgehend durchgeführten Buchungszwangs recht nachteilig auf die australische Grundbuchpraxis auswirkt.

Im englischen Recht ist die Beseitigung der zahlreichen Ausnahmen vom Eintragungsgrundsatz und eine Erweiterung des Grundbuchzwangs erforderlich. Alle anderen obigen Voraussetzungen sind erfüllt: die Abwicklung der Liegenschaftsgeschäfte in der Land Registry verläuft entsprechend schnell und reibungslos.

Im deutschen Grundbuchrecht empfiehlt es sich, solche öffentlichen Grundstückslasten und Verfügungsbeschränkungen dem Eintragungsprinzip zu unterstellen, die sich nicht in den herkömmlichen, eng umrissenen Kreis öffentlichrechtlicher Belastungen einordnen lassen. Im übrigen sind im deutschen Grundbuchrecht die oben genannten Postulate uneingeschränkt verwirklicht. Es ist insoweit allen Grundbuchsystemen der anglo-amerikanischen Vergleichsländer überlegen und mag als Vorbild und Anregung für deren Fortbildung dienen.

Die Erfüllung dieser Voraussetzungen ist demnach Maßstab für die Funktionsfähigkeit eines Grundbuchsystems. Besonders bedeutsam ist dabei die Eigenständigkeit und Gleichwertigkeit der drei Komponenten 1. materielle Dogmatik, 2. Amtsorganisation, 3. Buchanlegung. Die beiden letzten Problemkreise – insbesondere technische Vermessungsfragen – werden zwar in der heutigen, vorwiegend dogmatisch orientierten deutschen Grundbuchliteratur, die von einer abgeschlossenen Buchanlegung und einer befriedigenden Amtsorganisation ausgehen kann, kaum erörtert. Die Untersuchung hat jedoch ergeben, daß nicht nur dogmatische Unzulänglichkeiten, sondern in gleichem Umfang organisatorische Mängel und fehlerhaft konzipierte Anlegungsverfahren für den Mißerfolg eines Grundbuchsystems verantwortlich sein können. Während es einerseits unmöglich ist, lediglich durch Buchungszwang ein leistungsfähiges System zu schaffen – das zeigt die stagnierende Grundbuchpraxis in Neu-Süd Wales –, ist es andererseits auch nicht angängig, sich mit der

Ausarbeitung eines dogmatisch vernünftigen Grundbuchrechts zu begnügen und die praktische Durchführung der Initiative der Grundeigentümer zu überlassen. Hier ist vielmehr in Bezug auf Buchanlegung und Amtsorganisation ein starkes staatliches Engagement erforderlich: es ist bezeichnend, daß sich die namhaften amerikanischen Sachenrechtler Fairchild, Gluck, McDougal und Brabner-Smith erstmalig während der New Deal Epoche, die sich durch staatliche Fürsorge in allen Lebensbereichen auszeichnete, in diesem Sinne kritisch ausgesprochen haben. Fairchild greift dabei auf feudalrechtliche Gesichtspunkte zurück, indem er betont, daß der amerikanische Grundeigentümer nach wie vor nicht »absolutes Eigentum« im römisch-rechtlichen Sinne habe, sondern ihm lediglich vom Staat ein Recht auf ausschließliche Nutzung verliehen worden sei. Der Staat als Quelle aller Nutzungsrechte sei daher für deren sachgemäße Ausübung verantwortlich, müsse also regulierend eingreifen, falls im Grundstücksrechtsverkehr Mißstände aufträten, die den Gemeinschaftsinteressen zuwider liefen[2]).

Das Titelversicherungs- und Anwaltsmonopol in den USA wird andauern, bis die oben genannten Postulate durch entsprechende Grundbuchrechtsreformen verwirklicht sind. Hierauf wird es ebenfalls für den Abschluß der Buchanlegung und die Steigerung der Funktionsfähigkeit des Grundbuchapparats in England und Australien ankommen. Diese Prinzipien sollten schließlich auch von anderen Staaten, die ein Grundbuchsystem einführen wollen, beachtet werden.

---

[1]) Fairchild S. 236/237; Fairchild-Springer S. 576; Fairchild-Gluck S. 545; McDougal, Brabner-Smith S. 1149/1150.

[2]) Fairchild S. 236/237.

LITERATURVERZEICHNIS

A. Lehrbücher, Monographien und Aufsätze, alphabetisch nach Verfassern geordnet (im Text abgekürzt angeführt)

Aigler: The Operation of the Recording Acts, 22 (1923/24) Michigan Law Review S. 405 f.

Baalman: Approach to the Torrens System, 2 (1956) Sydney Law Review S. 87 f. (zit.: Baalman)

–, Outline of Law in Australia, 1. Aufl. 1947, The Law Book Co. of Australasia Pty. Ltd. (zit.: Outline)

Bailey: The 13th Century Charter Rolls, 1961 Cambridge Law Journal S. 211 f.

Beale: The Origin of the System of Recording Deeds in America, 19 (1907) Green Bag S. 335 f.

Bordwell: Registration of Title to Land, 12 (1927) Iowa Law Review S. 114 f. (zit.: Registration)

–, The Resurrection of Registration of Title, 7 (1940) University of Chicago Law Review S. 470 f. (zit.: Resurrection)

Carter: The Lawyer's Title Guaranty Fund, 8 (1955) Florida Law Review S. 480 f.

Cheshire: The Modern Law of Real Property, 4. Aufl. London 1937, 9. Aufl. London 1962, Butterworth & Co.

Cribbet-Fritz-Johnson: Cases and Materials on Property, Brooklyn 1960, The Foundation Press Inc.

Cross: The Chain of Title Hypocrisy, 57 (1957) Columbia Law Review S. 787 f.

Curtis-Ruoff: The Law and Practice of Registered Conveyancing, London 1958, Stevens and Sons Ltd.

Cushman: Torrens Titles and Title Insurance, 85 (1937) University of Pennsylvania Law Review S. 589 f.

Dicey: The Paradox of the Land Law, 21 (1905) The Law Quarterly Review S. 221 f.

Dowson-Sheppard: Land Registration, 2. Aufl. London 1956, Her Majesty's Stationery Office (H. M. S. O.)

Ebert: Die gesetzlichen Vorkaufsrechte nach dem Bundesbaugesetz, Neue Juristische Wochenschrift 1961 S. 1430 f.

Enneccerus-Lehmann: Recht der Schuldverhältnisse, 14. Bearbeitung Tübingen 1954, J. C. B. Mohr (Paul Siebeck)

Enneccerus-Nipperdey: Allgemeiner Teil des Bürgerlichen Rechts, 14. Aufl. Tübingen, J. C. B. Mohr (Paul Siebeck) 1. Halbband 1952, 2. Halbband 1955

Fairchild: Economic Aspects of Land Titles, 22 (1937) Cornell Law Quarterly S. 229 f.

Fairchild-Gluck: Various Aspects of Compulsory Land Title Registration, 15 (1938) New York University Law Quarterly Review S. 545 f.

Fairchild-Springer: A Criticism of Prof. R. R. Powell's Book Entiteled Registration of Title to Land in the State of New York, 24 (1939) Cornell Law Quarterly S. 557 f.

Fiflis: Buchrezension: The Improvement of Conveyancing by Legislation (Simes), 70 (1961) Yale Law Journal S. 1409 f.

Fischer: Rechtliche Gestaltung und Probleme der öffentlichen Grundstückslast, Neue Juristische Wochenschrift 1955 S. 1583 f.

FitzGerald: The State and Title to Land, 6 (1953) Current Legal Problems S. 104 f.

Fox: The Story behind the Torrens System, 23 (1950) Australian Law Journal S. 489 f.

Garner: Conveyancing in England today, 13 (1959/60) University of Toronto Law Journal S. 266 f.

Goth: Title Insurance in California, 39 (1951) California Law Review S. 235 f.

Greene: Is Compulsory Land Registration popular? 112 (1962) The Law Journal S. 163 f. (zit.: Greene)

–, Objections to Land Registration, 112 (1962) The Law Journal S. 364 f.

–, The Case against Land Registration, 111 (1961) The Law Journal S. 767 f.

Güthe: Grundbuchordnung, bearbeitet und herausgegeben von Triebel, Berlin, 4. Aufl. 1923, 6. Aufl. 1936, Franz Vahlen

Haley: An Explanation of Title Insurance, 40 (1961) Nebraska Law Review S. 342 f.
Hargreaves: An Introduction to the Principles of Land Law, London 1936, Sweet & Maxwell
Harrison: Indefeasibility of Torrens Title, 2 (1954) The University of Queensland Law Journal S. 206 f. (zit.: Harrison)
–, Rezension: An Englishman looks at the Torrens System (Ruoff), 3 (1959-61) Sydney Lay Review S. 192/193 (zit.: Rezension)
Haskins: The Beginning of the Recording System in Massachusetts, 21 (1941) Boston University Law Review S. 281 f.
Hedemann: Die Fortschritte des Zivilrechts im XIX. Jahrhundert. 2. Teil: Die Entwicklung des Bodenrechts von der französischen Revolution bis zur Gegenwart. 1. Hälfte: Das materielle Bodenrecht, Berlin 1930, 2. Hälfte: Die Entwicklung des formellen Bodenrechts, Berlin 1935, Carl Heymanns Verlag
Heinrich: The Case for Land Registration, 6 (1955) Mercer Law Review S. 320 f.
Helmore: The Law of Property in New South Wales, Sydney–Melbourne–Brisbane 1961, The Law Book Co. of Australasia Pty. Ltd.
Henke-Mönch-Horber: Kommentar zur Grundbuchordnung, 5. Aufl., München und Berlin 1957, C. H. Beck'sche Verlagsbuchhandlung
Heymann: Überblick über das englische Privatrecht, in Enzyklopädie der Rechtswissenschaft, Holtzendorff-Kohler, 2. Aufl. 2. Band, Berlin–München–Leipzig 1914, Duncker & Humblot-J. Guttentag
–, Trustee und Trustee Company im deutschen Rechtsverkehr, in Festschrift Heinrich Brunner, Weimar 1910, Hermann Böhlhaus Nachfolger, S. 492 f.
Hogg: Registration of Title to Land, 28 (1919) Yale Law Journal S. 51 f.
Holdsworth: The Reform of the Land Law, 42 (1926) Law Quarterly Review S. 158 f.
James:Introduction to English Law, London 1962, Butterworth & Co.
Johnstone: Title Insurance, 66 (1956/57) Yale Law Journal S. 492 f.
Kerr: The Principles of the Australian Land Titles (Torrens) System, Sydney–Melbourne-Brisbane 1927, The Law Book Co. of Australasia Pty. Ltd.
Koschaker: Europa und das Römische Recht, 2. Aufl., München und Berlin 1953, C. H. Beck'sche Verlagsbuchhandlung
Lang: Proof of Title in Ejectment and the Role of Seisin in the Modern Land Law, 2 (1956-58) Sydney Law Review S. 347 f.
Lawson: Introduction to the Law of Property, Oxford 1958, Clarendon Press
Leyser: Die australische Gesetzgebung auf dem Gebiete des Privatrechts 1939-1953, Zeitschrift für ausländisches und internationales Privatrecht 19 (1954) S. 546 f.
Magwood: The Systems of Land Registration and Guarantee of Title in the Province of Ontario, 13 (1959) University of Toronto Law Journal S.93 f.
Mann: Buchrezension, 77 (1961) Law Quarterly Review S. 597
Marshall: Reforming Conveyancing Procedure, 44 (1958/59) Iowa Law Review S. 75 f.
Mayman: Australian Commercial Law and Principles, 9. Aufl., Melbourne 1961, Sir Isaac Pitman & Sons Ltd.
McCall: The Torrens System – after 35 Years, 10 (1932) North Carolina Law Review S. 329 f.
McDonald: American State Government and Administration, 5. Aufl., New York 1955
McDougal, Brabner-Smith: Land Title Transfer: A Regression, 48 (1939) Yale Law Journal S. 1124 f.
Megarry-Wade: The Law of Real Property, 2. Aufl., London 1959, Stevens & Sons Ltd.
Meikel-Imhof-Riedel: Grundbuchrecht, 5. Aufl., Berlin 1958, J. Schweitzer Verlag
Nelson: Conveyancing in New York, 43 (1957/58) Cornell Law Quarterly S. 617 f.
Nussbaum: Lehrbuch des Deutschen Hypothekenwesens, 2. Aufl., Tübingen 1921, Verlag J. C. B. Mohr (Paul Siebeck)
Ockrent: Land Rights: An Enquiry into the History of Registration for Publication in Scotland, London–Edinburgh–Glasgow 1942, W. Hodge & Co. Ltd.
Patton: Land Titles, Kansas City 1938, Vernon Law Book Co.
–, American Law of Property. A Treatise on the Law of Property in the United States, Band IV, Boston 1952, Little-Brown & Co.

–, The Torrens System of Land Titles Registration, 19 (1935) Minnesota Law Review S. 519 f. (zit.: Registration)
–, The Extension of the Torrens System, 36 (1952) Minnesota Law Review S. 213 f.
Payne: Increasing Land Marketability Through Uniform Title Standards, 39 (1953) Virginia Law Review S. 1 f. (zit.: Payne)
–, The Crisis in Conveyancing, 19 (1954) Missouri Law Review S. 214 f. (zit.: Crisis)
Philbrick: Limits of Record Search and Therefore of Notice, 93 (1944/45) University of Pennsylvania Law Review S. 125-186, 295-306, 391-440
Planck: Kommentar zum Bürgerlichen Gesetzbuch, 3. Band 1. Hälfte: Sachenrecht, 5. Aufl., Berlin und Leipzig 1933, Walter de Gruyter & Co.
Planiol-Ripert: Traité Pratique de Droit Civil Francais, Band 13, 2. Aufl., Paris 1953
Pollock-Maitland: A History of English Law, Band I, 2. Aufl., Cambridge 1952, University Press
Pomeroy: Equity Jurisprudence, Band II, 5. Aufl., San Francisco 1941, Bancroft-Whitney Co.
Powell: The Law of Real Property, Band 6, New York 1958, Matthew Bender & Co.
Predari: Die Grundbuchordnung, 2. Aufl., Berlin 1913, Carl Heymanns Verlag
Quinn: Registration of Title: A Statutory Comparison, 4 (1957) St. Louis University Law Journal S. 229 f.
Rheinstein: Rezension von »Traité Théorique et Pratique des Trusts« (Lepaulle), 43 (1933/34) Yale Law Journal S. 1049 f.(zit.: Rezension)
–, Some Fundamental Differences in Real Property Ideas of the »Civil Law« and the Common Law Systems, 3 (1936) University of Chicago Law Review S. 624 f.
Rood: Registration of Land Titles, 12 (1914) Michigan Law Review S. 379 f.
Ruoff: An Englishman looks at the Torrens System, Sydney–Melbourne–Brisbane 1957, The Law Book Co. of Australasia Pty. Ltd. (zit.: Ruoff)
–, Concise Land Registration Practice, London 1959, Sweet & Maxwell Ltd. (zit.: Practice)
–, Systems of Land Tenure and Transfer in the Commonwealth and Empire (Vortrag vor der Commonwealth and Empire Law Conference, London 1955), veröffentlicht von der Solicitor's Law Stationery Society (zit.: Vortrag)
Schalk: Einführung in die Geschichte des Liegenschaftsrechts der Freien und Hansestadt Hamburg, Leipzig 1931, A. Deichert'sche Verlagsbuchhandlung Dr. Werner Scholl
Schlegelberger: Rechtsvergleichendes Handwörterbuch, 3. Band Berlin 1931, 4. Band Berlin 1933, Verlag Franz Vahlen
Schneider: Über den Beruf unserer Zeit für Gesetzgebung, Neue Juristische Wochenschrift 1962 S. 1273 f.
Siefert: Eigentumsübertragung an Grundstücken nach englischem Recht, Diss. jur., Heidelberg 1927
Simes: The Improvement of Conveyancing by Legislation, Ann Arbor, The University of Michigan Law School 1960
Smith: Yorkshire Registration, 103 (1959) The Solicitors' Journal S. 970 f.
Spiegel: Bereinigung des Grundbuchs, Der Betriebsberater 1964 S. 65 f.
Staples: The Conclusiveness of a Torrens Certificate of Title, 8 (1924) Minnesota Law Review S. 200 f.
Staudinger-Gramm: Kommentar zum EG BGB, 10. Aufl., München und Berlin 1939
Stewart-Wallace: Introduction to the Principles of Land Registration, London 1937, Stevens & Sons Ltd.
Thieme: Kommentar zur Grundbuchordnung, 3. Aufl., Berlin 1949
Thompson: Commentary on the Modern Law of Real Property, Band 8, Indianapolis 1940, Bobbs-Merrill Co., Publ.
Topham: The Law of Property Act 1925, 79 (1935) The Solicitors' Journal S. 772 f.
Triebel: Materielles Grundbuchrecht, Tübingen 1938, J. C. B. Mohr (Paul Siebeck)
Viele: The Problem of Land Titles, 44 (1929) Political Science Quarterly S. 421 f.
Wade: Land Charge Registration Reviewed, 1956 Cambridge Law Journal S. 216 f.
Wald: Taxation of Agricultural Land, Cambridge (Massachusetts) 1959, Harvard University Press

Watts: A Survey of Torrens Titles in Colorado, 23 (1951) Rocky Mountains Law Review S. 453 f.
Weber: Deutsches Hypothekenrecht, Nördlingen 1897
Wolff-Raiser: Lehrbuch des Sachenrechts, 10. Bearb., Tübingen 1957, J. C. B. Mohr (Paul Siebeck)
Yale: Rezension: An Introduction to the History of the Land Law (Simpson). 71 (1962) Yale Law Journal S. 1374 f.
Zeerleder: Englisches Grundbuchrecht, Diss. jur., Bern 1907

B. Aufsätze ohne Verfasserangabe (im Text z. T. abgekürzt angeführt)

A Comparison of Land and Motor Vehicle Registration, 48 (1938/39) Yale Law Journal S. 1239 f. (zit.: 48 Yale L. J.)
Computer Storage of Title Records, 47 (1961/62) Iowa Law Review S. 382 f.
Enhancing the Marketability of Land: The Suit to Quiet Title, 68 (1959) Yale Law Journal S. 1245 f. (zit.: 68 Yale L. J.)
Insurance in Aid of Conveyancing, 100 (1956) The Solicitors' Journal S. 139 f.
Registration of Title in England, 1955 Scots Law Times S. 182 f.
Registration of Title in New South Wales, 1960 Scots Law Times S. 129 f.
Title Insurance: The Duty to Search, 79 (1961/62) Yale Law Journal S. 1161 f.
The Future of Registered Conveyancing, 103 (1959) The Solicitors' Journal S. 61.
The Torrens System in Illinois, 45 (1950) North-Western University Law Review S. 500 f.
The Tract and Grantor-Grantee Indices, 47 (1962) Iowa Law Review S. 481 f.

C. Amtliche Veröffentlichungen

Report on the Advisability of Extending Compulsory Registration of Title on Sale to the County of Surrey, London 1951, Her Majesty's Stationery Office (H. M. S. O.)
Report to the Lord Chancellor on H. M. Land Registry for the Year: 1960/61, 1961/62, 1962/63, 1964
London 1961, 1962, 1963, 1964 H. M. S. O.
Registration of Title to Land, H. M. Land Registry, London 1960, 1965, H. M. S. O.

D. Das Literaturmaterial wurde den nachfolgenden Instituten und Bibliotheken entnommen:

Universität Hamburg
Max-Planck-Institut für ausländisches und internationales Privatrecht, Hamburg
Harvard Law School Library, Cambridge (Massachusetts)
Institute of Advanced Legal Studies (Universität London)
The Squire Law Library, Cambridge (England)

FSC
www.fsc.org
MIX
Papier | Fördert
gute Waldnutzung
FSC® C083411

Kolibri 360 GmbH
Ferdinand-Jühlke-Straße 7
99095 Erfurt, Deutschland
produktsicherheit@kolibri360.de